«LA Digital Publications» представляє *«Українська мова II: читання та словникова практика»* для дітей.

ПРО ЩО ЙДЕТЬСЯ У ЦІЙ ПРОГРАМІ? Це друга збірка першої структурованої програми читання з української мови, що охоплює 87 рівнів складності за зростанням. *Українська мова II* — це збірка **середнього рівня** програми, яка складається з 30 рівнів, що називаються «модулями». Кожен модуль складається з тексту та багаторівневих запитань, спрямованих на перевірку розуміння, а також вивчення слів та розширення словникового запасу. У цій збірці діти продовжать свою читацьку подорож художніми текстами, а також дізнаються про цікаві факти з історії та культури за допомогою зрозумілих історій, що легко запам'ятовуються.

ДЛЯ КОГО ЦЯ ЗБІРКА? Ця збірка з 30 модулів середнього рівня розроблена для дітей, які пройшли першу збірку. Вона також підходить для тих, хто може читати більш довгі речення (щонайменше з 10 слів), здатний працювати з текстами завдовжки 1 сторінку і бажає покращити свої навички з читання і розуміння тексту, а також розширити свій словниковий запас.

ЯК ПРАЦЮЄ ЦЯ ПРОГРАМА? В основі цієї програми лежить формула легкості читання, розроблена спеціально для української мови. Кожна збірка починається з простіших текстів з коротшими реченнями, а також з простішими і частіше вживаними словами. Поступово складність текстів зростає, додаються нові слова та синтаксичні конструкції.

ЧОМУ НАВЧИТЬСЯ ВАША ДИТИНА ПІСЛЯ ПРОХОДЖЕННЯ ЗБІРКИ II? Після завершення Частини 3 даної збірки діти будуть розпізнавати більше слів, які найчастіше зустрічаються в текстах, а також прості та складніші діалоги. Діти будуть вміти опрацьовувати більш довгі речення (більше 10 слів), які містять прийменникові фрази, прикметники та діалоги із складними реченнями. Діти зможуть краще опрацьовувати складові тексту, які є характерними для письмового мовлення.

РЕКОМЕНДОВАНИЙ МЕТОД ЧИТАННЯ: Ми рекомендуємо вашій дитині опрацьовувати по одному модулю в день, від 3 до 5 разів на тиждень, по 25 хвилин на день. В залежності від рівня впевненості вашої дитини, можна застосовувати допомогу дорослого, однак кінцевою метою є вміння дитини опрацьовувати кожен модуль самостійно. До кінця цієї 6-тижневої програми ваша дитина стане більш впевненим та самостійним читачем.

Це друга із трьох збірок програми з читання та словникової практики української мови. Після завершення збірки II ваша дитина може продовжити покращувати свої навички читання та розуміння за допомогою збірки III.

Рівень 1

Модуль 1.1

Мама Івана — з Колумбії, а тато — з України. Іван розмовляє як іспанською, так і українською мовами. Багатьом людям ці мови здаються зовсім різними. Однак Іван дивується, наскільки вони схожі. Перед сном тато Івана каже йому українською: «Добраніч». Мама каже йому те саме іспанською: «Буенос ночес». Українською Іванові «три» рочки, а іспанською — «трес». Українською Іван просить «дай мені», а іспанською це звучить так: «Да ме».

Багато мов дійсно схожі. Це помітив ще британський юрист Вільям Джонс близько 250 років тому. Він стверджував, що багато мов походять від однієї спільної мови-предка, тому вони і схожі. Вільям Джонс був дуже розумною людиною; він розмовляв 28 мовами і чудово розумівся на культурі багатьох східних країн.

У 1783 році Джонс поїхав до Індії, де став працювати суддею. В той час багато законів в Індії були написані на санскриті. Санскрит — це стародавня мова, якою розмовляли предки сучасних індусів. Найдивовижніше те, що санскрит — це мертва мова, її вже давно перестали використовувати.

Вільям Джонс вирішив вивчити цю мову. Він був вражений тим, наскільки схожим був санскрит на інші мови. Наприклад, слово «тато» на санскриті звучало як «пітер», грецькою — «патер», а латинською — «пітер». (Цікаво, що планету Юпітер назвали на честь головного римського бога. Саме слово «ю-пітер» спочатку означало «небесний батько»).

Ідея Джонса порівнювати санскрит з іншими мовами сподобалась іншим дослідникам мов, яких називають «лінгвістами». Лінгвісти виділили цілу групу мов, схожих на санскрит. Вони назвали її індоєвропейською мовною сім'єю. До цієї групи входять такі мови, як санскрит, латинська, грецька, українська, німецька, англійська, французька, вірменська та деякі інші. Цікаво, що далеко не всі європейські мови є спорідненими. Наприклад, фінська, угорська, естонська, а також мальтійська, баскська та грузинська мови мають інше походження.

Існує припущення, що кілька тисяч років тому на південному сході Європи існували люди, мова яких стала джерелом для всіх сучасних індоєвропейських мов. З часом ці люди почали оселятися у різних частинах материка. Частина з них оселилась там, де зараз знаходиться Індія. Інша частина — там, де розташована Україна і більша частина Європи. Поступово у різних географічних місцях мова-джерело стала змінюватись. Але змінювалась вона в кожному місці по-своєму. За тисячоліття зміни стали настільки сильними, що люди з різних місць перестали розуміти один одного. Таким чином з однієї мови-предка з'явились зовсім нові мови.

Незважаючи на те, що всі ці мови з часом стали сильно відрізнятися одна від одної, вони продовжують мати багато схожих слів та правил. Люди, які знають декілька різних мов, як, наприклад, хлопчик Іван, обов'язково помітять цю схожість.

1. Про що йде мова у тексті?

•   Про те, що хлопчик Іван не може вивчити санскрит.

•   Про те, що багато мов схожі, тому що вони

походять від спільної мови-предка.

2. Чим відомий Вільям Джонс?

- Він припустив, що санскрит та деякі європейські мови походять від спільного джерела.
- Він був справедливим суддею.

3. Як Вільям Джонс визначив, що санскрит та грецька мова схожі?

- Він порівняв ці мови і знайшов у них схожі слова.
- Джонс не вважав, що санскрит та грецька мова схожі.

4. Які європейські мови не належать до індоєвропейської мовної сім'ї?

- санскрит, латинська, грецька, українська, німецька, англійська, французька, вірменська та деякі інші.
- фінська, угорська, естонська, мальтійська, баскська та грузинська мови мають інше походження.

5. Яким словом можна замінити слово «вражений» в реченні «Він був **вражений**, коли зрозумів, наскільки схожим був санскрит на інші мови …»?

- здивований
- засмучений

6. Яке слово є **протилежним** за значенням до слова **«схожі»** в реченні «Дуже багато мов дійсно схожі»?

* подібні
* різні

7. Вставте пропущені слова.

балує аптеки захваті

* Бабуся пішла до___________ за ліками.
* По неділям тато___________ нас млинцями.
* Глядачі були у___________ від перегляду п'єси.

Модуль 1.2

В неділю мама повела Лізу до парку розваг. Ліза чекала на цей день увесь тиждень. Вона знала, що у парку на неї чекає багато веселих атракціонів та найсмачніша у світі цукрова вата.

Ліза з мамою приїхали до парку розваг раніше, коли було ще не так спекотно. Вони відразу попрямували до улюбленого атракціону Лізи — американські гірки. Після катання на гірках мама з донькою пішли подивитись на лебедів у ставку. Там вони вирішили, який атракціон варто спробувати далі.

Ліза навіть не помітила, як пройшло півдня. Разом з мамою вони покатались на усіх атракціонах, погуляли парком і навіть виграли приз — великого плюшевого кота. Після цієї перемоги мама купила Лізі обіцяну цукрову вату.

Коли прийшов час повертатись додому, Ліза і мама

попрямували до головного виходу із парку. На той час Ліза була дуже втомленою. Вона сподівалась, що одразу сяде в машину і поїде додому. Але за воротами машини не було, а виднілась лише велика зелена галявина.

— Мамо, а де ж наша машина? — здивовано запитала Ліза.

— Машина на паркувальному майданчику, — пояснила мама. — Нам потрібно пройти через цю галявину, щоб туди потрапити.

— Чому ж паркувальний майданчик побудували та далеко? У мене немає сили іти до машини пішки.

— Мабуть, вони не хотіли, щоб машини стояли так близько до парку. Адже повітря в парку таке свіже і чисте. Ходімо! Нам потрібно встигнути додому на вечерю.

Але Ліза почала опиратись, скиглити і жалітись. Галявина була дуже великою. Лізі здавалось, що вона не в змозі пройти через неї пішки після такого веселого дня.

Впродовж декількох хвилин мама дивилась то на Лізу, то на галявину. А потім вона запропонувала Лізі те, від чого було би тяжко відмовитись навіть найбільш втомленій дитині. Замість того, щоб іти через галявину пішки, Лізі потрібно було перейти її, перевертаючись. У Лізи заблищали очі, і, на її власний подив, у неї одразу ж з'явились сили. Вона сама не розуміла, звідки з'явився приплив енергії.

Ліза почала швидко перевертатись у бік паркувального майданчика. Мама ледве встигала за нею. Коли вони сіли в машину, мама сказала:

— Ти молодець, подолала чималу дистанцію, перевертаючись! Але як тобі вистачило сили? Спочатку ти не могла зробити ані кроку!

Ліза також була здивована. Вона задумалась, а потім відповіла:

— Знаєш, мамо, іти пішки через велику галявину — нестерпно нудно. А у дітей, мабуть, не буває сили на нудні речі. А перевертатись — це зовсім інша справа!

1.	Про що йде мова у тексті?

•	Про те, як мама і Ліза провели день у парку атракціонів.
•	Про те, як Ліза навчилась перевертатися на гімнастиці.

2.	Чому Ліза цілий тиждень чекала на похід у парк розваг?

•	Тому що Ліза мріяла там поперевертатись.
•	Тому що у парку розваг було багато атракціонів і продавали цукрову вату.

3.	Яка ідея спала мамі на думку, коли Ліза не захотіла іти до паркувального майданчика?

•	Мама запропонувала Лізі посидіти на травичці і відпочити.
•	Мама запропонувала Лізі попрямувати до паркувального майданчика, перевертаючись.

4.   Чому Лізі було легше дістатись паркувального майданчика, перевертаючись, ніж пройти пішки?

•   Тому що на перевертання Ліза витрачає менше сил, ніж на те, щоб іти пішки.
•   Тому що у неї знаходяться сили на цікаві заняття навіть тоді, коли вона втомилась.

5.   Яким словом можна замінити слово «скиглити» в реченні «Але Ліза почала опиратись, **скиглити** і жалітись»?

•   хрюкати
•   плакати

6.   Яке слово є **протилежним** за значенням до слова **«встигнути»** в реченні «Нам потрібно встигнути додому на вечерю»?

•   запізнитись
•   співати

7.   Вставте пропущені слова.

доброта   галерею   запах

•   В місті Ліза любила відвідувати цікаву картинну __________.
•   У бабусі було багато гарних якостей, але її визначною рисою була надзвичайна__________.
•   Прийшла осінь, і на вулиці відчувався аромат квітів та__________ лимонів.

Модуль 1.3

На Дженні чекав дуже важливий день. Вона планувала розбити скарбничку у вигляді поросятка і порахувати свої заощадження.

Коли Дженні повернулась додому після школи, вона поклала скарбничку на газету посеред кімнати. Розбити скарбничку молотком виявилось дуже просто. Складніше було рахувати заощадження. Монеток було багато. Щоб не збитися з рахунку, Дженні розкладала їх по стовпчиках. Коли всі гроші були пораховані, виявилося, що Дженні змогла зібрати необхідну суму! Тепер вона могла попросити маму і тата купити їй смартфон.

Кілька місяців тому Дженні уклала домовленість з татом і мамою. Вони куплять Дженні смартфон, якщо вона буде старанно вчитись, вчасно виконувати домашнє завдання і двічі на день гуляти з песиком. Дженні виконала всі обіцянки, тому незабаром батьки принесли їй заповітну коробочку.

Віддавши Дженні смартфон, мама вирішила серйозно поговорити з нею. Вона пояснила, що і діти, і дорослі часто надто захоплюються смартфонами і забувають про всі інші хобі. Мама дуже не хотіла, щоб це сталось і з Дженні. Дженні пообіцяла мамі, що не буде грати на смартфоні цілими днями.

Дженні вирішила, що взагалі не буде завантажувати ігри для смартфону. Натомість вона буде дивитись цікаві відео і дізнається багато нового. Однак перше відео, на яке вона натрапила, було про котеня, яке бігало по кімнаті за шваброю. Це так насмішило Дженні, що вона вирішила подивитись ще одне відео про витівки домашніх улюбленців. Це відео також виявилося неймовірно кумедним. Далі смартфон запропонував подивитись ще декілька схожих відео, перед якими було тяжко встояти.

«Відео такі короткі, подивлюсь ще декілька і буду робити домашнє завдання», — подумала про себе Дженні. Прийшов час вечеряти, і Дженні пішла до їдальні, не відриваючи очей від екрану. Вона поклала смартфон поряд з мискою і почала їсти, не звертаючи уваги ні на що, крім екрану.

Залишок дня Дженні провела у своїй кімнаті з телефоном в руках. Вона взяла з собою телефон навіть до ванної кімнати, коли пішла чистити зуби. Тоді мама вирішила ще раз серйозно поговорити з Дженні.

— Скільки часу ти провела сьогодні з телефоном?

Дженні подивилась на годинник і порахувала, що минуло близько п'яти годин.

—А що ти робила в цей час учора, коли у тебе не було телефону? — запитала мама.

Дженні задумалась. Вчора після школи вона зробила домашнє завдання, поплавала у басейні, почитала нову книжку і погуляла зі своїм песиком. Тоді вона зрозуміла, що сьогодні, відволікаючись на смартфон, вона не зробила нічого з того, що любила робити щодня.

Мама розповіла Дженні, що вона і сама раніше іноді надто сильно захоплювалась відео та іграми на телефоні. Через це вона нічого не встигала і почувалась втомленою. Тому відтоді вона використовує смартфон для розваг тільки у вільний час наприкінці дня. Дженні зрозуміла, що мама має рацію. Вона не хотіла пропускати прогулянки з друзями і з песиком та забувати про свої хобі і захоплення. Дженні пообіцяла собі, що відтепер буде використовувати смартфон тільки після того, як закінчить всі інші справи.

1.   Про що йде мова у тексті?

•   Про те, що Дженні зрозуміла, як правильно використовувати смартфон.
•   Про те, як Дженні разом з мамою годинами проводять час, використовуючи смартфон.

2.   З якою метою Дженні розбила свою скарбничку?

•   Дженні зрозуміла, що у скарбничці більше немає місця.
•   Дженні хотіла порахувати свої заощадження і дізнатись, чи достатньо їх для того, щоб купити смартфон.

3.   Що повинна була зробити Дженні, щоб батьки купили їй смартфон?

•   Вона повинна була старанно вчитись, вчасно виконувати домашнє завдання і двічі на день гуляти з песиком.
•   Вона повинна була виграти у конкурсі декламування віршів.

4.   Чому Дженні вирішила контролювати, скільки часу вона проводить, користуючись смартфоном?

- Дженні усвідомила, що вона витрачає увесь час на перегляд відео у смартфоні.
- Дженні і не думала контролювати, скільки часу вона проводить, користуючись смартфоном.

5. Яким словом можна замінити слово «заповітну» в реченні «І вже на наступний день після роботи батьки принесли їй **заповітну** коробочку»?

- рідкісну
- бажану

6. Яке слово є **протилежним** за значенням до слова **«заощадження»** в реченні «Вона планувала розбити скарбничку у вигляді поросятка і порахувати свої **заощадження**»?

- кошти
- витрати

7. Вставте пропущені слова.

колекція   здоров'я   чудове

- Бабуся любила казати, що про___________ потрібно дбати з молодих літ.
- Тато вміє готувати___________ рагу.
У наших сусідів була доволі велика ___________ старовинних картин.

Модуль 1.4

Давним-давно на острові Маврикій в Індійському океані жила пташка додо. Багато хто вважає, що додо — це просто міф, який прийшов до нас із народних оповідань, але це не так. Колись додо дійсно жили на цій планеті.

Сьогодні вчені здогадуються, як виглядали додо, використовуючи записи та малюнки голландських і португальських моряків у 16-му та 17-му століттях. Ці моряки подорожували Індійським океаном на схід і часто зупинялись на Маврикії. На малюнках додо виглядають кумедними і незграбними. Це була доволі велика пташка розміром з невелику собаку. Вчені вважають, що до появи людей на Маврикії ці пташки були дуже добре пристосовані до життя на цьому острові. Ще вчені з'ясували, що так само, як і пінгвіни, додо не вміли літати. Не зважаючи на цю спільну з пінгвінами рису, найближчими родичами додо є голуби.

Від самого початку мандрівники, які приїжджали на острів Маврикій, були дуже вражені, побачивши дивовижного птаха. Вони навіть відправили декілька додо до Європи та Азії, щоб дослідити їх. Однак лише деякі з цих птахів змогли подолати таку довгу і тяжку дорогу. Коли деякі з моряків залишились жити на Маврикії, вони почали полювати на додо. До появи людей на острові ніхто ніколи не полював на додо. Тому у цього птаха не були розвинені інстинкти самозбереження. Додо зовсім не боялись людей і не поспішали від них ховатись, тому ставали легкою здобиччю для людини.

Однак вчені вважають, що додо вимерли не через полювання людей. Адже в ті далекі часи на Маврикії було не так вже й багато поселенців. Додо зникли через інших тварин, яких привезли із собою на острів моряки. До появи моряків на острові ніколи не було ні свиней, ні собак, ні котів, ні макак-крабоїдів. З часом ці тварини розвелися на Маврикії. Вони рідко нападали на дорослих додо, але легко руйнували їхні гнізда, які додо вили прямо на землі. Також через появу нових видів тварин пташкам додо стало тяжче добувати їжу, тому що її просто не вистачало для такої великої кількості птахів і тварин. Зрештою люди почали вирубати ліси, в яких жили додо, позбавляючи їх звичного середовища існування.

Останнього птаха додо бачили у далекому 1662 році. Коли люди зрозуміли, що на планеті більше не лишилося жодного кумедного птаха з великим дзьобом, було вже пізно. Багато хто усвідомив, як небезпечно не турбуватися про довкілля та не замислюватися про те, як це може вплинути на істот, які живуть поруч. Сьогодні люди часто згадують пташку додо. Тому є надія, що людство навчилось на своїх помилках і зможе зберегти різноманітність природи.

1.   Про що йде мова у тексті?

   •   Про те, звідки з'явилась пташка додо.
   •   Про те, як зникла пташка додо.

2.   Де мешкали птахи додо?

   •   в Португалії і Голландії
   •   на острові Маврикій

3.   Як завезені на Маврикій тварини шкодили птахам додо?

- Завезені тварини руйнували гнізда додо.
- Завезені тварини полювали на додо.

4.   Як очевидці описували додо?

- Додо були схожі на собак.
- Згідно з описами, додо були великими і незграбними птахами.

5.   Яким словом можна замінити слово «руйнували» в реченні «…але легко **руйнували** їхні гнізда, які додо вили прямо на землі»?

- будували
- знищували

6.   Яке слово є **протилежним** за значенням до слова **«зникли»** в реченні «Додо **зникли** через інших тварин, яких привезли із собою на острів моряки»?

- з'явились
- сховались

7.   Вставте пропущені слова.

безмежним   лінгвіст Мало-помалу

- Лісове озеро було величезним,____________.

- _____________ у мене стало виходити грати на гітарі.
- Людина, яка вивчає мови, _____________.

Модуль 1.5

Щороку на День Подяки Лія разом із батьками їздила до іншого міста в гості до дідуся та бабусі. Їхати потрібно було далеко — цілих дві години на машині. У бабусі та дідуся був великий будинок і гарний садок. Коли тато Лії був маленьким хлопчиком, він жив у цьому будинку разом зі своїми братами і сестрами. Зараз всі вони виросли і роз'їхались у різні куточки країни. Але щороку вони зі своїми сім'ями неодмінно збирались на День Подяки у домі свого дитинства.

Ось нарешті Лія з родиною під'їхали до будинку. У дворі Лія побачила свою двоюрідну сестру Віру, яка також була її найкращою подругою. Віра теж помітила Лію, яка вибігла з машини їй назустріч. Дівчатка обійнялись і, навіть не заходячи до будинку, побігли гратись у садок.

Цілих дві години Лія і Віра весело бігали по садку, підкидаючи у повітря купи сухого листя. Нарешті із вікна другого поверху визирнула бабуся і покликала їх до себе. Дівчатка одразу ж побігли додому. Лія і Віра були наймолодшими у великій компанії дітей, і до кожного їхнього приїзду бабуся готувала для них цікаві сюрпризи. Ось і цього разу бабуся дістала з полиці дві коробочки в кольоровій упаковці. Лія і Віра знайшли всередині невеликі фігурки звіряток — панду для Лії та коалу для Віри.

— Бабусю, розкажи нам про ті часи, коли наші батьки були маленькими, — попросила Лія.

— Це було давно, — зітхнула бабуся. — Хай вам буде відомо, що це зараз вони такі серйозні, а у дитинстві обоє були чималими шибениками.

Бабуся посадила обох дівчат на різьблену скриню біля підніжжя ліжка, щоб їм було зручно слухати історію з дитинства їхніх тат. Але закінчити веселу розповідь про витівки своїх синів бабуся не встигла. Її покликали на кухню, де готувався святковий обід. Бабуся пішла, а дівчатка залишились у кімнаті самі. Деякий час вони гралися зі своїми подарунками, а потім їм на думку спала одна цікава ідея…

В цей час на першому поверсі у вітальні царював святковий настрій, обід був у розпалі. Раптом дідусь помітив, що за столом немає ані Лії, ані Віри. Дорослі згадали, що вже дано ніде не бачили дівчат. Всі захвилювались. Лія і Віра нізащо не пропустили би свій улюблений гарбузовий пиріг. Дорослі та діти почали шукати дівчат по всьому будинку і садку. Але скільки би їх не кликали, скільки б не просили повернутись, Лія і Віра не відзивались. Прийшов вечір, значно похолодало. Засмучена бабуся піднялась до своєї кімнати, щоб взяти щось тепле і повернутись у садок шукати онучок. Вона відкрила різьблену скриню, щоб дістати з неї хустку, і охнула.

У великій скрині, згорнувшись калачиком, спали Лія і Віра. Бабуся почала кликати інших членів родини до своєї спальні. Через гомін Лія і Віра прокинулись. Вони були дуже здивовані тим, що вся родина була настільки схвильованою і радіє їхній появі. Дівчатка розповіли, що після того, як бабуся пішла, вони вирішили пограти з нею у хованки і сховались у скрині. Але бабуся довго не поверталась, а у скрині було так тепло і тихо, що дівчатка не помітили, як заснули.

Уся родина так раділа поверненню Лії і Віри, що ніхто не сварив їх за спричинені хвилювання. Однак дівчат попросили більше ніколи не починати гру в хованки, не попередивши про це когось із дорослих.

1. Про що йде мова у тексті?

- Про те, як Лія і Віра провели День Подяки.
- Про те, як Лія і Віра утекли із дому.

2. Як дорослі помітили, що Лія і Віра зникли?

- Бабуся кликала їх у садку, але вони не відзивались.
- Під час обіду дідусь помітив, що дівчат не було за столом.

3. Чому Лія і Віра не відгукнулись, коли їх кликали?

- Тому що вони спали.
- Тому що вони не хотіли, щоб їх знайшли.

4. Як знайшлись Лія і Віра?

- Бабуся знайшла їх сплячими у скрині.
- Вони зголодніли і самі вийшли зі скрині.

5. Яким словом можна замінити слово «неодмінно» у реченні «Але щороку вони зі своїми сім'ями **неодмінно** збирались на День Подяки у домі свого дитинства»?

- рідко
- обов'язково

6.   Яке слово є **протилежним** за значенням до слова **«схвильованою»** у реченні «Вони були дуже здивовані тим, що вся родина була настільки схвильованою і радіє їхній появі»?

•   спокійною
•   радісною

7.   Вставте пропущені слова.

Пастух   звинуватив   дратували

•   Маленький Нік ____________ свою сестричку у тому, що вона зруйнувала його пісочний замок.
•   ____________ спав під деревом, поки його собака проганяла вовка, який полював на овець.
•   Дідуся часто ____________ новини.

Модуль 1.6

Кожної другої неділі місяця Грейс та її тато їздили на фермерський ринок за продуктами. Комусь це може здатись нудним, але Грейс знала, що фермерський ринок приховує багато цікавого, а головне — смачного.

Ось і сьогодні, прийшовши в ту частину ринку, де продавали яйця, Грейс охнула. На прилавку були розкладені курячі, гусячі, качині і навіть перепелині яйця. Такої різноманітності не знайдеш у магазині! Грейс вирішила купити маленькі перепелині яйця для своєї маленької сестрички.

— А що з цього ми використаємо для ранкового омлету?

— запитав тато.

Не довго думаючи, Грейс обрала велике яйце, яке стояло позаду, за усіма іншими товарами на прилавку. Воно було завбільшки з ананас.

— Як ви думаєте, що це за яйце? — запропонувала вгадати продавчиня.

Тато припустив, що це яйце пінгвіна, і відразу розсміявся. Він знав, що це не так.

— Я думаю, що це страус, — сказала Грейс, і виявилось, що вона мала рацію. Продавчиня розповіла їм, що неподалік від їхнього міста розташована страусина ферма. Саме там і закуповуються страусині яйця. А ще вона додала, що одного такого яйця вистачає, щоб нагодувати цілу сім'ю.

Тато погодився із вибором Грейс; йому дуже захотілось спробувати яєчню із страусиного яйця.

Вдома у тата і Грейс виникла неочікувана проблема. Виявилось, що розбити страусине яйце не так вже і легко. Скільки б зусиль не докладали Грейс і тато, тверда шкаралупа ніяк не тріскалась. Грейс не втрачала надію. Вона знайшла в Інтернеті відео, в якому пояснювалось, що страусине яйце не потрібно розбивати так, як куряче. В страусиному яйці потрібно зробити отвори з обох кінців. В один з них потрібно подути, і тоді білок та жовток витечуть з іншого боку.

Все дійсно вийшло так, як на відео. Яєчня виявилась великою і дуже смачною, і вся сім'я була задоволена. А шкаралупу, яка майже не постраждала, тато і Грейс вирішили розмалювати і зберегти на пам'ять.

1.   Про що йде мова у тексті?

•   Про те, як Грейс разом із татом відвідали страусину ферму.
•   Про те, як Грейс разом із татом сходили на фермерський ринок, а потім приготували яєчню.

2.   Чому Грейс любила ходити на фермерський ринок?

•   Тому що Грейс сподівалась побачити там тварин.
•   Тому що там було багато цікавого і смачного.

3.   Чому тато і Грейс купили тільки одне страусине яйце?

•   Тому що страусині яйця дуже дорого коштували.
•   Тому що воно було великим, і ним можна було нагодувати цілу сім'ю.

4.   Яким чином Грейс і тато змогли розбити страусине яйце?

•   Грейс знайшла в Інтернеті відео, в якому показували, що потрібно робити із страусиними яйцями.
•   Тато розбив яйце молотком.

5.   Яким словом можна замінити слово «охнула» у реченні «Ось і сьогодні, прийшовши в ту частину ринку, де продавали яйця, Грейс **охнула**»?

•   здивувалась
•   розсердилась

6.   Яке слово є **протилежним** за значенням до слова

«задоволена» у реченні «Яєчня виявилась великою і дуже смачною, і вся сім'я була **задоволена**»?

- засмучена
- радісна

7. Вставте пропущені слова.

змаганнях   Територія   світанок

- Мама розбудила Луку дуже рано, щоб разом піти у парк зустрічати __________.
- __________ нашого садка зовсім невелика.
- Гімнастки з нашої школи здобули перемогу у __________.

Модуль 1.7

До поїздки на озеро з ночівлею Сміти і Джонси готувались цілих два тижні. Озеро знаходилось у секвойному лісі, де ніхто з дітей ще ні разу не бував. Обидві родини взяли із собою великі намети, щоб усім вистачило місця. Також вони захопили із собою теплий одяг і мало не цілий супермаркет смачної їжі!

— От би швидше доїхати до гірського озера! Можна було б ще й влаштувати там рибалку, — замріяно сказав містер Сміт.

В суботу вранці обидві сім'ї завантажили намети і рюкзаки в машини і розпочали подорож. Секвойний ліс здався їм зачарованим. Поряд з високими деревами-велетнями усе здавалось дуже маленьким і навіть іграшковим.

Джонси і Сміти планували розташувати табір поряд з озером і поставити там намети на ніч. Вони їхали, користуючись навігатором, який показував, що озеро ось-ось з'явиться перед ними. Однак озеро так і не з'явилось. Коли машина нарешті зупинилась, на місці озера був лише глибокий яр, в якому росли яскраві польові квіти.

— Це і є озеро! — раптом вигукнув Джиммі Сміт. — Тільки вода кудись зникла.

— Точно! — підтримав його Боббі Джонс. — Пам'ятаєте, як на початку літа в новинах казали, що через відсутність дощів прийшла засуха? Мабуть, це озеро висохло.

Джонси і Сміти не засмутились і вирішили залишитись біля квіткового озера. Діти допомогли батькам поставити намети і почали збирати сухі гілки для багаття. Коли усе було готове, вони приготували обід, тому що всі значно зголодніли.

Після обіду всі залишились співати пісні біля багаття. Дівчата нарвали квіток з озера, і місіс Джонс навчила їх плести вінки. Коли стемніло, діти і дорослі вирішили подивитись на зірки. Вони лягли прямо на м'яку густу траву, яка вкривала дно озера. Кожен намагався знайти відоме йому сузір'я. Діти намагались порахувати, скільки всього зірок на небі, і весь час збивались з рахунку.

Раптом на небі з'явилась маленька, але дуже яскрава зірка. Вона швидко пересікала небосхил, іноді ховаючись за хмарами і з'являючись знову.

— Невже це комета? — сказав уголос містер Джонс.

— Більше схоже на бортові вогні літака, — відповіла місіс Джонс, посміхаючись.

Діти підхопили розмову містера і місіс Джонс і вирішили пограти у страшні історії. Хтось сказав, що це зовсім не комета і не літак, а космічний корабель. На цьому кораблі дві сім'ї інопланетян летять відпочивати до далекого квіткового озера… Незважаючи на страшні історії перед сном, усі спали спокійно.

1. Про що йде мова у тексті?

- Про те, як Сміти і Джонси робили покупки перед поїздкою у ліс.
- Про те, як Сміти і Джонси провели час у лісі.

2. Чому секвойний ліс здався їм зачарованим?

- Тому що секвої — надзвичайно високі дерева.
- Тому що в лісі було багато незвичайних дерев.

3. Куди зникло озеро, до якого їхали Сміти і Джонси?

- Сміти і Джонси використали неправильну карту, тому так і не доїхали до озера.
- Озеро висохло під час засухи.

4. Яку страшну історію вигадали діти?

- Вони стверджували, що яскравий блимаючий вогник у небі — це космічний корабель з інопланетянами.
- Вони шуткували, що озеро висушили інопланетяни.

5.	Яким словом можна замінити слово «зачарованим» у реченні «Секвойний ліс здався їм **зачарованим**»?

- 	чарівним
- 	чудовим

6.	Яке слово є **протилежним** за значенням до слова **«відсутність»** у реченні «Пам'ятаєте, як на початку літа в новинах казали, що через **відсутність** дощів прийшла засуха»?

- 	нестачу
- 	надлишок

7.	Вставте пропущені слова.

цікаву   хокей   фабрику

- 	На день народження мені подарували ___________ книгу.
- 	Нарешті ми пішли на екскурсію на справжню шоколадну ___________, де виготовлялась велика кількість шоколадних цукерок.
- 	Мій улюблений вид спорту — ___________.

Модуль 1.8

Коли Люсі і Мері попросили у батьків дозволу завести домашнього улюбленця, тато з мамою і не підозрювали, що улюбленець буде таким незвичайним. Батьки піддались на вмовляння дівчат, і одного недільного ранку вся сім'я поїхала до місцевого притулку, щоб обрати нового члена сім'ї. Дорогою вони обговорювали, хто це буде — собака чи кішка, а може хом'ячок?

У коридорі притулку прямо на столі лежала сіра змійка. Хоча зазвичай тяжко зрозуміти, в якому настрої змія, дівчатам чомусь здалося, що вона сумує. Працівник притулку розповів, що цього ранку змію віддали її колишні господарі. Їм не вистачало часу за нею доглядати, і, здавалось, тепер змія сумує через самотність. Працівник притулку також пояснив, що змійка — дуже спокійна, зовсім не отруйна, і за нею дуже легко доглядати.

Тато з мамою навіть не намагались заперечувати — сестри дивились на змію з таким жалем, що було вирішено забрати її додому. Вдома Люсі і Мері почали старанно вивчати, як правильно облаштувати житло для нового улюбленця. Акваріум, у якому Ненсі (так вирішили назвати змійку) привезли із притулку, розташували у кутку кімнати поряд з вікном із цупкими шторами. Зверху над акваріумом встановили лампу, щоб зранку змійку будило світло. В супермаркеті купили перепелиних яєць — улюблених ласощів Ненсі.

Здавалось, що вони усе зробили згідно з правилами. Однак, коли прийшов ранок, Ненсі залізла глибоко в пісок і не визирала звідти увесь день. Всі подумали, що вона просто звикає до нового місця, а коли зголодніє — обов'язково виповзе. Але Ненсі просиділа в піску до самої ночі. Наступного ранку ситуація повторилась.

Дівчатка злякались і попросили батьків зателефонувати ветеринарові. Той уважно розпитав їх про житло Ненсі і вирішив, що воно облаштоване правильно. Ветеринар не міг зрозуміти, чому змія не реагує на зовнішній світ і навіть не хоче їсти. Тоді він попросив записати Ненсі до нього на прийом, щоб переконатись, що змія не захворіла.

Наступного ранку, ледве прокинувшись, дівчатка побігли до акваріуму. Вони побачили Ненсі, яка грілась на поверхні під світлом лампи. Люсі і Мері дуже зраділи, нагодували змію яйцем і пішли до школи. Наступного дня була субота, і сестри сподівались провести з Ненсі якомога більше часу. Але вона знову не з'являлась. Її не було видно впродовж декількох днів, і тепер дівчатка були впевнені, що Ненсі захворіла. Одного ранку вони знову побачили, що змійка лежить на піску, ніби засмагаючи на пляжі.

Сестри вирішили поспостерігати, в які дні Ненсі вилізає з нірки на пісок. Декілька днів по тому вони зрозуміли, в чому справа. Якщо вранці мама заходила до кімнати, щоб розсунути тяжкі штори, Ненсі обов'язково виповзала з піску. Вона із задоволенням ковтала перепелине яйце і цілий день грілась під лампою. А якщо мама залишала штори закритими, Ненсі продовжувала спати. Виявилось, що одного світла лампи недостатньо, щоб її розбудити.

Коли дівчатка зрозуміли, що Ненсі зовсім не хвора, вони дуже зраділи. Вони скасували запис до ветеринара. Тепер кожного ранку перед тим, як зайнятись своїми справами, вони бігли до кімнати з акваріумом, щоб розсунути штори і побажати Ненсі доброго ранку.

1. Про що йде мова у тексті?

   • Про те, як Люсі і Мері поїхали у подорож.
   • Про те, як Люсі і Мері завели домашнього

улюбленця.

2. Як Ненсі потрапила до притулку для тварин?

- Ненсі утекла з дому, і ніхто не міг знайти її господарів.
- Її віддали туди господарі.

3. Чому дівчатка хотіли відвезти Ненсі до ветеринара?

- Тому що Ненсі перестала їсти і не виповзала із піску.
- Тому що Ненсі перестала полювати на мишей.

4. Як дівчатка зрозуміли, що Ненсі не хвора?

- Вони усвідомили, що Ненсі не їла, тому що їй не вистачало світла, щоб прокинутись.
- Дівчатка прочитали, що іноді змії не їдять впродовж великого проміжку часу.

5. Яким словом можна замінити слово «уважно» в реченні «Той **уважно** розпитав їх про житло Ненсі і вирішив, що воно облаштоване правильно»?

- пильно
- швидко

6. Яке слово є **протилежним** за значенням до слова **«самотність»** у реченні «Їм не вистачало часу за нею доглядати, і, здавалось, тепер змія сумує через **самотність**»?

- усамітнення

* компанія

7.   Вставте пропущені слова.

Печериці   відчув   щітку

* Мисливський пес ___________ запах лисиці.
* ___________ — улюблені гриби моїх батьків.
* Я залишив свою зубну ___________ у готелі.

Модуль 1.9

Одного разу бабуся приїхала і привезла із собою великий пакунок землі і маленькі кольорові пакетики. Бабуся пояснила, що у пакетиках — насіння різних трав та овочів. Виявилось, що у квітковому магазині неподалік від їхнього дому був розпродаж насіння. Бабуся придбала декілька пакетиків, вирішивши зайнятись садівництвом разом із онуками. Діти уподобали цю ідею.

Вони принесли із комори великі садові горщики і насипали у них землю. Коли усе було готове, щоб садити насіння, раптом задзвонив телефон. Бабуся пішла відповісти на дзвінок. Дітям довелось чекати на її повернення.

— Здається, це телефонує тітонька Емілі — найкраща бабусина подруга, — сказав Пітер.

Діти зітхнули. Якщо це дійсно тітонька Емілі, то бабуся пропала надовго. А дітям так кортіло почати садити насіння.

— А давайте зробимо все самі, — запропонувала Сара.
— Ось і буде сюрприз для бабусі, — погодились всі інші.

Коли бабуся повернулась на ґанок після довгої розмови, онуки гордо повідомили їй, що вже посадили усе насіння у горщики.

— Ой які ви у мене самостійні, — зраділа бабуся. — Давайте підпишемо горщики. Показуйте, де яке насіння.

Тут діти перезирнулись. Їм навіть не спало на думку, що у кожному горщику має бути однакове насіння.

— Ми не пам'ятаємо, — сказав Пітер.
— Як це — не пам'ятаєте? — здивувалась бабуся. — Ось, наприклад, що ви посадили у цей горщик?

Діти знизали плечима.

— Ми не звертали уваги. Ми просто висипали насіння із пакетиків, — призналася Сара.
— Іноді ми змішували насіння, щоб йому не було нудно. Чим більше різного насіння у горщику, тим веселіше, — додала Мія, наймолодша з дітей.

— Хто ж так садить насіння! — розсердилась бабуся. — Мабуть, все воно загине. Невже ви не могли дочекатись мого повернення?

Від захоплення дітей не залишилось і сліду. Вони не чекали, що бабуся так розсердиться. Мія мало не розплакалась, адже вона думала, що допомагає бабусі.

Помітивши, що діти засмутились, бабуся зрозуміла,

що була надто суворою. Дійсно, її онуки просто хотіли їй допомогти.

— Знаєте, — сказала вона. — А це навіть весело. Кожен урожай буде сюрпризом. Ми можемо позмагатись, хто перший вгадає, що виросте у кожному горщику.

Бабуся ще раз оглянула виконану роботу і похвалила онуків. Діти дійсно доклали багато зусиль.

Впродовж декількох тижнів діти по черзі поливали насіння, а потім прийшов час збирати урожай. У кожному горщику виріс букетик різноманітних трав, наповнюючи увесь ґанок чудовим ароматом. «Дійсно, яка різниця, як садити», — подумала бабуся і ще раз похвалила онуків.

1.   Про що йде мова у тексті?

* Про те, як бабуся і онуки вивчали рослини.
* Про те, як бабуся і онуки займались садівництвом.

2.   Чому онуки вирішили посадити насіння самостійно, не дочекавшись бабусю?

* Тому що вони не захотіли чекати на бабусю, яка ненадовго пішла.
* Тому що діти не хотіли проводити час із бабусею.

3.   Чому бабуся розсердилась на онуків?

* Тому що вони посадили насіння, не дочекавшись її.

• Тому що вони не запам'ятали, яке насіння у якому горщику.

4. Чому бабуся похвалила онуків після того, як насварилась?

• Бабуся пошкодувала, що була надто суворою з онуками.
• Бабусі сподобалось, як онуки посадили насіння.

5. Яким словом можна замінити слово «розсердилась» у реченні «— Хто ж так садить насіння! — **розсердилась** бабуся»?

• затряслася
• розізлилась

6. Яке слово є **протилежним** за значенням до слова **«похвалила»** у реченні «Бабуся ще раз оглянула виконану роботу і **похвалила** онуків»?

• розвеселила
• насварила

7. Вставте пропущені слова.

ясною   алеї   гумору

• Дідусь завжди нас смішив, тому що у нього було чудове почуття __________.
• Після дощу визирнуло сонце, і погода була __________ .
• Вздовж __________ були посаджені яблуні.

Модуль 1.10

Том вважав, що йому дуже пощастило з учителькою з іспанської мови. Кармен двічі на тиждень приходила до них додому і вчила Тома премудрощам іспанської граматики. А ще вона із задоволенням слухала історії Тома з шкільного життя. Та й сама сеньйора Кармен розповідала кумедні історії — винятково іспанською мовою!

Ось і сьогодні, перевіривши домашнє завдання і пояснивши Тому новий урок, сеньйора Кармен розповіла, що два дні тому купила у супермаркеті нову машинку для виготовлення пасти.

— Взагалі-то мені не потрібна ця нова машинка, тому що стара працює чудово. Але я просто не стрималась, коли побачила новий апарат! А що робити із старим — не знаю, — зізналась вона Томові. — Шкода його викидати.

— А для чого потрібна машинка для пасти? — здивувався Том. — Адже пасту можна купити у будь-якому супермаркеті.

— Домашня паста набагато смачніша! Я завжди роблю її сама.

Тома зацікавила ця ідея. Паста була його улюбленою їжею, але батьки завжди готували пасту з магазину. Тепер Тому захотілось спробувати домашню пасту.

— Мамо, можна ми залишимо в себе стару машинку для пасти, яку віддає сеньйора Кармен? — запитав хлопчик.

Мама не заперечувала, але зізналась, що ніколи не робила пасту сама. Вчителька пообіцяла всіх навчити цьому мистецтву. Вони домовились, що на наступному занятті замість іспанської мови будуть робити пасту. Том навіть покликав своїх однокласників, Джорджа та Анніку, тому що робити пасту з друзями набагато веселіше.

Машинка для пасти дійсно була як нова. Збоку у неї була залізна ручка, яку потрібно було крутити. Тоді тісто прокручувалось через спеціальні валики, перетворюючись на тоненький млинець.

Сеньйора Кармен показала дітям, як замісити тісто, і вони разом розпочали роботу. Незабаром млинець із тіста був готовий.

— Але ж це зовсім не схоже на пасту! — вигукнув Том.

Тоді сеньйора Кармен пояснила, що на машинці потрібно увімкнути інший режим і знову пропустити млинець через апарат. Діти так і зробили. Коли з машинки вийшли перші смужки локшини, діти були у захваті — вони робили справжню пасту своїми руками! Вони захотіли якнайшвидше прокрутити усе тісто. Але сеньйора Кармен запропонувала поділити його на дві частини і додати в одну частину буряк, а в іншу — шпинат. Діти не одразу зрозуміли, для чого це потрібно. Потім вони здогадались, що, завдяки овочам, паста буде кольоровою. Тепер у них було три види пасти: блідо-жовта, рожева і салатова.

— А коли можна буде спробувати пасту? —запитала мама.

Дійсно, прийшов час обідати. Тоді діти

перезирнулись і раптом почали голосно сміятись. Вони так захопились виготовленням пасти, що навіть не помітили, що їхні руки і обличчя забруднились борошном. Мама Тома і вчителька також значно забруднились, та й уся кухня була в борошні.

Перед тим, як умитися і сісти обідати, вони вирішили зробити селфі на пам'ять — п'ять щасливих, забруднених борошном облич і три великих тарілки з різнокольоровою пастою.

1. Про що йде мова у тексті?

    •   Про те, як сеньйора Кармен готувала пасту.
    •   Про те, як сеньйора Кармен вчила дітей готувати домашню пасту.

2. Як Тому спало на думку приготувати пасту?

    •   Том побачив в Інтернеті, як виготовляють пасту.
    •   Сеньйора Кармен розповіла йому, що купила машинку для пасти.

3. Яким чином паста у сеньйори Кармен і дітей вийшла різнокольоровою?

    •   Вони додали у тісто буряк і шпинат.
    •   Вони додали у тісто барвники.

4. Чому діти розсміялись після того, як перезирнулись?

    •   Вони забруднились борошном.
    •   Сеньйора Кармен розповіла їм смішний жарт.

5.   Яким словом можна замінити слово «премудрощам» у реченні «…сеньйора Кармен не тільки вчила Тома **премудрощам** іспанської граматики…»?

- хитрощам
- прикладам

6.   Яке слово є **протилежним** за значенням до слова **«розпочали»** у реченні «Сеньйора Кармен показала дітям, як замісити тісто, і вони разом **розпочали** роботу»?

- закінчили
- придумали

7.   Вставте пропущені слова.

вигукнула   бегемотів   героєм

- На уроці біології діти вивчали ___________.
- Вероніка була настільки рада, що ___________ «Ура»!
- Джеймс почувався справжнім ___________ після того, як врятував кішку від єнота.

Рівень 2

Модуль 2.1

Надійка обожнювала своїх дідуся та бабусю. Але їй завжди здавалось, що вони проводять час одноманітно. Бабуся полюбляла сидіти у кріслі і вишивати пейзажі, а дідусь читав новини або намагався навчити їхнього кота новим трюкам. «Мабуть, це тому, що вони уже старенькі», — думала Надійка.

Дівчинка дуже зраділа, коли одного разу батьки запропонували їй провести канікули з дідусем і бабусею в теплій екзотичній країні. Надійка взяла з бібліотеки багато книжок, щоб було що робити на відпочинку. Вона думала, що цілих два тижні вони проведуть на лежанках біля басейну.

Яким же був її подив, коли вже в перший день дідусь записав їх на снорклінг!

— Дідусю, ти впевнений, що тобі це сподобається? — про всяк випадок запитала Надійка.

— Звичайно, — відповів дідусь. — Зачекай-но, ти ж умієш плавати?

Плавати Надійка вміла і дуже любила. Просто вона ніяк не очікувала, що її дідусь і бабуся вирішать пірнати в океан, щоб помилуватись яскравими тропічними рибами і величезними черепахами. Але на цьому подив Надійки не закінчився.

Кожен ранок вони починали з походу на пляж, де плавали наввипередки у теплому океані, а потім засмагали на піску. Після обіду вони їздили на різноманітні екскурсії на сусідні острови, разом із гідом блукали по стежинах посеред джунглів до водоспаду і спостерігали за дикими тваринами у природі. Дні були насичені пригодами, і, повертаючись ввечері до готелю, вони приносили із собою багато нових вражень і фотографій.

Коли одного дня в середині відпустки пішов дощ, сім'я вирішила залишитись у готелі. Вони якраз готувались іти до ресторану на сніданок, як раптом за вікном залунало несамовите ревіння.

— О Боже! — вигукнула бабуся. — Нас атакують горили.
— Мені здається, це більше схоже на бегемота, — заперечив дідусь.
— Можливо, він утік із джунглів через дощ? Надійко, не підходь до вікна.

Але Надійка вже була біля вікна. Вона відсунула цупку штору і радісно вигукнула:
— Це ж мавпочки! Вони не несуть ніякої загрози.

Дідусь одразу ж підійшов до вікна подивитись на галасливих істот.

— Мабуть, це мавпи-ревуни, про яких нам розповідав гід, — згадав він.

Надійка із цікавістю дивилась на мавпочок, які сиділи на пальмах. За розміром вони були не більші за домашнього пуделя, але голосом кожна з них не поступалась найстрашнішому звіру.

— Мабуть, вони так відлякують хижаків, —припустила Надійка.

— Або просто хочуть привернути нашу увагу, — усміхнувся дідусь. — Справжні артисти.

Після повернення додому дідусь і бабуся із задоволенням усім розповідали про свої пригоди на відпочинку, особливо про випадок з мавпочками. Надійка ж говорила тільки про те, якими активними виявились дідусь і бабуся. «Вони зовсім не старенькі! Просто у них інші захоплення», — нарешті зрозуміла Надійка.

1.   Про що йде мова у тексті?

•   Про те, як Надійка з дідусем та бабусею вперше вчились плавати.
•   Про те, як Надійка з дідусем та бабусею провели канікули у теплій екзотичній країні.

2.   Чому Надійка вирішила, що дідусь і бабуся вже «старенькі»?

•   Тому що їй здавалось, що вони завжди проводять час одноманітно.
•   Тому що вони не ризикували плавати в океані.

3.   Чим дідусь і бабуся здивували Надійку на канікулах?

•   Вони знали назви рідкісних екзотичних тварин.
•   Вони несподівано виявились дуже активними.

4.   Якою була думка Надійки про дідуся і бабусю після подорожі?

* Вона більше не вважала їх «стареньками».
* Вона вирішила, що їм потрібно знайти нові захоплення.

5.   Яким словом можна замінити слово «атакують» у реченні «Нас **атакують** горили»?

* нападають
* дражнять

6.   Яке слово є **протилежним** за значенням до слова **«активними»** у реченні «Надійка ж говорила тільки про те, якими **активними** виявились дідусь і бабуся»?

* енергійними
* спокійними

7.   Вставте пропущені слова.

тремтіло   з'явилась   жонглера

* На вулиці йшов дощ, і котеня __________ від холоду.
* В цирку мене найбільше вразив виступ __________.
* Коли Софія прочитала розповідь свого друга, у неї теж __________ ідея писати про пригоди.

Кожного ранку Оленка з мамою вигулювали Себастьяна в парку неподалік від дому. Себастьян — це пудель-бешкетник, якому нещодавно виповнився рік. Цікаво, що за собачими мірками Себастьян вважався підлітком. Однак він поводився, як цуценя: постійно ганяв по парку, весело і задиристо гавкав та й взагалі усіляко радів життю.

Улюбленим заняттям Себастьяна було ганятись за маленькими мешканцями парку. Ще здалеку побачивши зграю горобців або білку, яка спустилась з високої сосни, він стрімголов мчав їм назустріч, голосно гавкаючи. Горобці розлітались у різні боки, а білки швидко видирались назад на дерево. Опинившись на гілці у безпеці, білки голосно і кумедно тріскотіли. Вони ніби сварились на Себастьяна за те, що він не дав їм закінчити їхні справи.

Іноді у парк забрідали якісь коти з околиць. Себастьян ганявся за ними з таким самим запалом, але коти завжди встигали видертись на паркан або на дерево. Там, з висоти, вони робили вигляд, що взагалі не помічають пса. Оленку і маму це завжди дуже веселило. Насправді Себастьян не був злим і не хотів нікому завдати шкоди. Йому просто подобалось бігати і гавкати.

Одного разу в парку з'явився великий чорно-білий кіт, якого ні Оленка, ні мама раніше ніколи не бачили. Він був дуже поважний та гладкий. Побачивши кота здалеку, Себастьян видав радісний бойовий клич собачою мовою і помчав до нього.

Помітивши великого пса, який мчав у його бік, кіт, звичайно ж, почав видиратись на паркан. Однак в той ранок, очевидно, він дуже добре поснідав, тому що застрибнути на паркан йому не вдалось. Не втримавшись, він покотився донизу і опинився прямо біля лап Себастьяна.

Тут мама і Оленка злякались не на жарт. Вони знали, що Себастьян ніколи не нападав на інших тварин. Але цього разу кіт міг першим від страху полізти у бійку, і тоді було би незрозуміло, чим могла закінчитись така зустріч. Оленка з мамою побігли до паркану, щоб забрати звідти Себастьяна, але тут сталось дещо несподіване.

Кіт зрозумів, що йому вже не вдасться утекти від пуделя. Тоді він влаштувався на землі і почав спокійно умиватись. Спантеличений Себастьян витріщився на нього. Він звик, що зазвичай коти утікали від нього, а він у відповідь ганявся за ними. А що робити із цим байдужим котом, який, здавалось, зовсім його не помічав, Себастьян не розумів.

Тут підбігли Оленка і мама. Себастьян дивився на них із подивом, ніби прохаючи про пораду, як йому вчинити.
— Себастьяне, ходімо гуляти до ставка, — запропонувала Оленка.

Ідея була хорошою, і Себастьян слухняно пішов за господинею. Уходячи, він обернувся, щоб ще раз подивитись на дивного кота, і побачив, як той поспіхом видирається на паркан.

1.   Про що йде мова у тексті?

*   Про те, як пудель Себастьян зустрів кота на прогулянці.
*   Про те, як пудель Себастьян потоваришував із котом.

2.   Чому здавалось, що Себастьян поводиться, як цуценя?

*   Він постійно скавучав і не любив виходити з дому.
*   Тому що він любив бігати по парку, гавкати і веселитись.

3.   Чому мама і Оленка почали хвилюватись, коли гладкий кіт не зміг утекти від Себастьяна?

*   Вони боялись, що гладкий кіт першим нападе на Себастьяна.
*   Вони боялись, що Себастьян першим нападе на гладкого кота.

4.   Чому гладкий кіт почав умиватись, коли опинився біля лап Себастьяна?

*   Таким чином він намагався збити Себастьяна з пантелику і закінчити гонитву.
*   Коту не подобалось, що він забруднився.

5.   Яким словом можна замінити слово «гладкий» у реченні «Він був дуже поважний і **гладкий**»?

*   відгодований
*   серйозний

6. Яке слово є **протилежним** за значенням до слова **«здалеку»** в реченні «Ще **здалеку** побачивши зграю горобців або білку, яка спустилась з високої сосни, він стрімголов мчав їм назустріч, голосно гавкаючи»?

- звідти
- поблизу

7. Вставте пропущені слова.

ласощі   відомий   гойдав

- У літаку поряд з нами сидів __________ кіноактор.
- На галявині вітер __________ різнокольорові польові квіти.
- Морозиво — мої улюблені __________.

Модуль 2.3

Нік з нетерпінням чекав вихідних. Зазвичай його тато і мама придумували на суботу і неділю якесь цікаве заняття. Ось і цього разу вони вирішили на вихідних поїхати на рибалку.

Неподалік від їхнього міста було озеро, яке славилось серед бувалих рибалок своєю рибою. Потрібно сказати, що ані тато, ані мама, ані Нік ніколи раніше не рибалили. Але це їх не зупинило. У магазині рибальського приладдя їм показали, які вудки та приманка необхідні для того, щоб зловити велику рибу. У п'ятницю ввечері всі речі були зібрані, і вся сім'я з нетерпінням чекала наступного ранку.

Приїхавши вранці на озеро, сім'я розклала вудки, зробивши усе так, як їм порадив продавець у риболовному магазині. Всі троє почали чекати клювання.

— Чомусь не клює, — сказав незабаром тато.
— Не минуло навіть десяти хвилин, — нагадала йому мама. — Для рибалки потрібно мати терпіння.
— А що, як риба зараз не голодна? — запитав Нік.
— Риба завжди тільки й чекає, щоб їй що-небудь кинули,
— дуже впевнено сказав тато.

Але навіть якщо це було і так, поки жодна риба не поспішала клювати. Нік уважно спостерігав за поверхнею води, але навколо їхніх вудок не було жодного руху. Раптом він відчув, як його вудку щось потягнуло донизу.

— Здається, я щось упіймав! — вигукнув Нік.

Тато і мама із цікавістю спостерігали, як він витягував з води щось доволі тяжке. Але яким було їхнє розчарування, коли з води визирнув старий черевик, що гойдався на гачку!

Тим часом на озері почали з'являтись човни із досвідченими рибалками. Вони неспішно розмотували свої вудки і починали рибалити. Здавалось, що вони використовують якусь таємну приманку, тому що у них постійно клювало — тільки встигай витягувати улов.

— Можливо, нам теж варто орендувати човна? — запропонувала мама.

— Справа не в човні, а в тому, що ці люди забирають собі усю нашу рибу! — обурився тато.

Вони знову почали чекати. Раптом, не кажучи ані слова, тато відкинув свою вудку вбік і, на ходу закочуючи рукава, кинувся до води. Зайшовши в озеро по коліна, він різко нахилився і витягнув із води доволі велику рибину. Гордо піднявши її над головою, він помахав нею своїй сім'ї.

— Отакої! Зловив рибу голими руками! — захоплено вигукнув Нік.

— Між іншим, обманювати — недобре, — сказала мама. — Ти помітив, як повз пропливає мертва риба, і просто схопив її.

Сміючись, тато зізнався, що мама має рацію — він просто вирішив пожартувати.

Всі продовжили далі чекати на клювання. Першою пощастило мамі — вона зловила невелику форель. Потім і тато з Ніком зловили по рибині. До того часу усі сильно зголодніли і вирішили припинити рибалку. Форель запекли на вогнищі і повечеряли нею. Ніку здалось, що риба, зловлена власними руками, набагато смачніша за звичайну рибу з магазину.

1.   Про що йде мова у тексті?

•   Про те, як мама, тато і Нік поїхали на рибалку.
•   Про різні способи ловлі риби.

2.   Як сім'я Ніка підготувалась до рибалки?

•   Вони орендували човна.

- Вони завчасно купили усе необхідне для рибалки у спеціальному магазині.

3. Як тато пожартував із мамою та Ніком?

- Він купив рибу в магазині і сказав, що упіймав її.
- Він зробив вигляд, що зловив рибу голими руками.

4. Чим закінчилась рибалка?

- Кожен зловив по рибині, якою потім повечеряли.
- Сім'я знайшла нову приманку для риби.

5. Яким словом можна замінити слово «славилось» у реченні «Неподалік від їхнього міста було озеро, яке **славилось** серед бувалих рибалок своєю рибою»?

- було гарним
- було відомим

6. Яке слово є **протилежним** за значенням до слова **«неспішно»** в реченні «Вони **неспішно** розмотували свої вудки і починали рибалити»?

- спокійно
- швидко

7. Вставте пропущені слова.

багряного   назустріч   маршрут

- Ірина ненароком розсипала кольорові олівці і

змогла знайти усі кольори, крім

_______________________.

• Тато поїхав у подорож горами, проклавши _______________________через невелике село, яке славилось смачним медом.

• Ми сподівались, що притулок для тварин піде нам _______________і дозволить взяти котеня.

Модуль 2.4

Спочатку похід до музею здався Олегові доволі нудною ідеєю. Що цікавого може бути у музеї? Але мама дуже хотіла піти до музею саме з ним, тому Олег погодився.

У музеї було доволі жваво. Повз Олега і маму пройшли молоді люди з мольбертами на плечах. Вони про щось розмовляли.

— Це студенти, майбутні художники, — пояснила мама.
— Їм часто дають завдання малювати у музеї, дивлячись на якусь картину.

Молоді люди поставили мольберти біля картини Ван Гога «Іриси».

— Чому вони обрали цю картину? — запитав Олег.
— Мабуть, тому що Ван Гог вважається одним із найвеличніших художників. Його часто називають генієм живопису.

Олег уважно подивися на картину. Вона здалась йому незвичайною, тому що фарба на полотні була нанесена товстим шаром. Фарба лежала на полотні химерними нерівними горбиками, і через це квіти здавались живими. Потім Олег почав розглядати полотна студентів-художників. Він із подивом помітив, що у багатьох картини виходили дуже схожими на оригінал.

— Мамо, поглянь, вони малюють точнісінько так, як Ван Гог! — вигукнув Олег. — Тоді чому тільки його називають геніальним художником? Стільки людей можуть малювати не гірше!

— Справа в тому, що Ван Гог був першим, хто почав писати картини у такому стилі, — пояснила мама. — Пам'ятаєш, ми пройшли залами з роботами інших художників? Ти помітив картину, яка була би схожою на роботи Ван Гога?

Олег заперечно похитав головою. До них підійшов працівник музею.

— Я почув вашу розмову, — сказав він, — і подумав, що вам буде цікаво послухати видатну історію про одну з картин Ван Гога.

Виявилось, що нещодавно мистецтвознавці знайшли завмерлого коника на одній з картин Ван Гога.

— Ван Гог спеціально посадив коника на полотно? — здивувався Олег.
— Не думаю, — відповів працівник музею. — Швидше за все, коник сів на картину, коли фарба була ще свіжою і в'язкою. Вилізти із товстого шару фарби коник так і не зміг.

Після повернення додому Олег дістав з полиці свою коробку з фарбами і почав малювати іриси. Коли малюнок був майже готовий, він попросив у бабусі стару брошку у вигляді жучка, яку вона вже не носила. Олег обережно посадив металевого жучка на свою роботу. Вийшло майже як у Ван Гога.

1.   Про що йде мова у тексті?

- Про те, як Олег з мамою відвідали музей.
- Про те, як жив Ван Гог.

2.   Чим зацікавила Олега картина Ван Гога «Іриси»?

- Олег раніше бачив цю картину у книжці.
- Фарба на полотні лежала товстим шаром, і тому квіти здавались живими.

3.   Яке питання з'явилось в Олега, коли він побачив, що студенти вміють малювати майже так, як Ван Гог?

- Де вони навчились так малювати?
- Чому Ван Гог вважається генієм живопису, якщо багато людей вміють малювати так, як він?

4.   Як мама Олега пояснила, що Ван Гог є генієм живопису, незважаючи на те, що багато людей вміють малювати в його стилі?

- Ван Гог був першим, хто придумав цей унікальний стиль.
- Ніхто до Ван Гога не малював іриси.

5.   Чим можна замінити слово «химерними» у реченні «Фарба лежала на полотні **химерними** нерівними горбиками, і через це квіти здавались живими»?

- чудернацькими
- звичайними

6.   Яке слово є **протилежним** за значенням до слова **«нудною»** в реченні «Спочатку похід до музею здався Олегові доволі **нудною** ідеєю»?

- цікавою
- звичайною

7.   Вставте пропущені слова.

плавців   розділити   оберігати

- Природу потрібно______________і захищати.
- Майкл Фелпс — один із найвідоміших ______________.
- Роботу потрібно ______________на рівні частини.

Модуль 2.5

Вольфганга Амадея Моцарта часто називають одним із найвеличніших композиторів усіх часів, і це дійсно так. Попри те, що він жив у далекому 18-му столітті, його музику люблять і досі.

Вольфганг народився в Австрії, у місті Зальцбург. Життя Моцарта від самого народження було наповнене музикою. Його батько Леопольд був скрипалем. Він вчив старшу сестру Вольфганга Наннерль грати на клавесині. Трирічний Моцарт із захватом спостерігав за уроками сестри. Часто він сам сідав за клавесин і годинами розважався, натискаючи на клавіші. Батько Вольфганга був вражений, коли виявилось, що малюк вивчив напам'ять уривки із декількох музичних творів.

У віці чотирьох років Вольфганга також почали навчати музиці. Незабаром вся сім'я зрозуміла, що маленький Вольфганг — не просто дуже старанний учень, а ще й дуже обдарований хлопчик. Вже в п'ять років Моцарт написав свої перші п'єси.

Батько Вольфганга дуже хотів, щоб хлопчик став композитором. Однак, за правилами того часу, композиторами могли стати лише ті люди, які вміли віртуозно виконувати музику. Тоді у батька Моцарта з'явилась цікава ідея. Він вирішив поїхати з Вольфгангом і його сестрою у подорож і виступати у всіх королівських дворах Європи. Він сподівався, що Моцарта помітять і запропонують йому хорошу роботу.

Слухачі на гастролях були у захваті від маленького музиканта. Вони навіть почали називати його «вундеркіндом», що в перекладі з німецької означає «чудо-дитина». Під час подорожі маленький Моцарт став справжньою сенсацією і разом із своєю сестрою здобув надзвичайний успіх у виконавчій майстерності.

У віці 10 років Моцарт вже був композитором. Але попри успіх на початку, коли він підріс, публіка з часом стала байдужою до нього і його сестри — адже вони вже виросли і перестали бути «чудо-дітьми».

Коли Моцарту виповнилось 17 років, він отримав роботу придворного музиканта у Зальцбурзі. Він повинен був писати музику для особливих нагод, а також давати концерти під час урочистостей. Але платили за цю роботу не дуже добре, та й Вольфгангу незабаром набридло таке життя. Тому він вирішив переїхати до Відня, столиці Австрії.

Там він познайомився з Констанцією Вебер. Молоді люди полюбили один одного і незабаром одружились. Вольфганг заробляв на життя уроками музики. Також він писав музику для багатих людей і давав концерти. З часом він став дуже популярним.

Моцарт працював день і ніч. За своє життя він написав багато різноманітної музики, від сонат до концертів, від симфоній до опер. Навіть коли Моцарт сильно хворів і більше не міг виступати, він продовжував працювати над своєю останньою оперою — «Чарівною флейтою» — яку встиг закінчити незадовго до смерті.

Всього він написав 50 симфоній, 25 концертів для фортепіано і 21 оперу, а крім того ще багато інших музичних творів.

Невдовзі після його смерті поціновувачі музики зрозуміли, яким неймовірно талановитим музикантом був Вольфганг Амадей Моцарт. І хоча він жив зовсім недовго, встиг залишити нам багато дивовижної музики. На щастя, всі його твори збереглись, і ми можемо насолоджуватись ними і сьогодні.

1.   Про що йде мова у тексті?

•   Про життя великого композитора Вольфганга Амадея Моцарта.
•   Про те, як можна стати композитором.

2.   З чого почалось знайомство Моцарта з музикою?

•   Він із захватом спостерігав за уроками музики своєї сестри і любив проводити час за клавесином.
•   Музика зацікавила Моцарта у школі.

3.   Чому Моцарта називали «вундеркіндом»?

•   Тому що він хотів стати композитором.
•   Тому що він був надзвичайно талановитою дитиною.

4.   Як можна визначити, що Моцарт був дуже працьовитим?

•   Моцарт добре заробляв.
•   Він працював день і ніч і написав десятки музичних творів.

5.   Яким словом можна замінити слово «сенсацією» в реченні «Під час подорожі маленький Моцарт став справжньою **сенсацією**…»?

•   талановитим
•   головною новиною

6.   Яке слово є **протилежним** за значенням до слова «**у захваті**» у реченні «Слухачі були **у захваті** від маленького музиканта»?

- байдужими
- захоплювались

7.   Вставте пропущені слова.

блищала   рішучо   талантів

- Аліса була налаштована_____________і збиралась зробити усе можливе, щоб перемогти у конкурсі.
- Вранці трава вся____________від роси.
- У вчителя з музики було багато ______________: він вмів грати на флейті, піаніно і гітарі, а також чудово співав.

Модуль 2.6

Фламінго — дуже незвичайний птах. У нього довгі ноги, великий дзьоб, схожий на перевернутий ківш, а головне — рожеве пір'я. Через таке яскраве забарвлення зграю фламінго здалеку можна сплутати з вогняним полум'ям.

До речі, саме тому цей птах отримав таку назву. Справа в тому, що багато птахів фламінго живуть у Латинській Америці. У більшості країн цього регіону говорять іспанською мовою, а в Бразилії — португальською. В обох цих мовах є слово «фламенко», що означає «полум'яний». Спостерігаючи за вогняним птахом, жителі Латинської Америки вирішили назвати його відповідно до кольору пір'я.

А знаєте, чому фламінго мають рожевий колір? Насправді, коли пташеня фламінго вилуплюється із яйця, воно зовсім не рожеве, а біле. Так вони живуть приблизно три роки, і тільки потім починають змінювати забарвлення.

Відбувається це тому, що фламінго мешкають переважно на дуже солоних мілководних озерах. У таких місцях майже немає риби, але є багато мілких рачків — улюблених ласощів фламінго. Самі рачки харчуються мікроскопічними водоростями, які містять особливий барвник. Коли фламінго їдять рачків, барвник потрапляє до їхнього організму і надає пір’ю незвичайний відтінок. Колір фламінго може змінюватись від ніжно-рожевого до яскраво-червоного, в залежності від того, на якому озері вони живуть і якими рачками харчуються.

Можна подумати, що ловити мілких рачків таким великим дзьобом незручно, але це зовсім не так. Фламінго використовують свій дзьоб як ківш і зачерпують ним із озера воду, в якій багато рачків. Для цього вони вивертають голову так, щоб нижня частина дзьоба опинилась зверху. Таким чином дзьоб стає зовсім схожим на ківш.

У верхній частині дзьоба у фламінго є спеціальні отвори, які він використовує для того, щоб процідити воду. Коли вся вода витікає із дзьоба, птах ковтає рачків, які залишились. З боку це виглядає дуже незвичайно, адже фламінго їсть донизу головою.

Фламінго — один із найбільш древніх птахів на землі. Окрім Латинської Америки, вони живуть ще в Азії та Африці. З давніх часів люди вважали фламінго дивовижним птахом і шанували його.

1. Про що йде мова у тексті?

- про птахів фламінго
- про птахів Латинської Америки

2. Що здалеку нагадує зграя фламінго?

- рожеву тканину
- вогняне полум'я

3. Чому ці птахи отримали таку назву?

- Португальською слово «фламенко» означає «полум'яний».
- Так називається танець.

4. Чому фламінго мають рожеве або червоне забарвлення?

- Фламінго такими народжуються.
- Фламінго отримують забарвлення з їжі.

5. Яким словом можна замінити слово «мешкають» у реченні «Відбувається це тому, що фламінго **мешкають** переважно на дуже солоних мілководних озерах»?

- живуть
- переходять

6. Яке слово є **протилежним** за значенням до слова **«приблизно»** в реченні «Так вони живуть **приблизно** три роки, і тільки потім починають змінювати забарвлення»?

* орієнтовно
* точно

7. Вставте пропущені слова.

захопився   фігури   тренер

* Дідусь вирізав шахові _______________з дерева.
* У сьомому класі Річард _____________біологією.
* У команди новий _____________з баскетболу, якого усі спортсмени одразу ж полюбили.

Модуль 2.7

Мамонти — це древні тварини, схожі на слонів. Вони ходили по нашій планеті впродовж п'яти мільйонів років. Близько десяти тисяч років тому мамонти почали вимирати. Остаточно мамонти зникли близько чотирьох тисяч років тому. Цікаво, що останні мамонти вимерли вже тоді, коли були побудовані великі єгипетські піраміди!

У 2007 році на російському півострові Ямалі оленяр Юрій Худі знайшов залишки мамонтеняти. Це було справжньою знахідкою для вчених, оскільки мамонтеня дуже добре збереглося. Виявилось, що мамонтеня жило більше сорока тисяч років тому!

Мамонтеня назвали Любою — на честь дружини 58

Юрія Худі. Юрій знайшов мамонтеня вранці, коли пішов збирати дрова для вогнища. Спочатку він здалеку побачив щось незвичайне на снігу. Підійшовши ближче, Юрій зрозумів, що перед ним дуже маленьке мамонтеня. Юрій зв'язався із вченими та розповів їм про незвичайну знахідку.

Вчені були дуже здивовані тим, як добре збереглось мамонтеня. Адже Люба пролежала в землі багато тисячоліть. Дослідникам вдалося встановити, що це була ще зовсім маленька самка, якій виповнилось не більше шести місяців.

Багато хто думає, що сучасні слони, які живуть в джунглях Індії та Африки, походять від мамонтів. Однак вчені вважають, що це не так. Мамонти і сучасні слони мають спільних прабатьків. Однак розвивались вони незалежно один від одного — слони на півдні, а мамонти на півночі.

Багато мамонтів були набагато більшими за своїх південних родичів-слонів. Лише їхні бивні важили 100 кілограмів, а зріст сягав п'яти метрів. Існували також і карликові види мамонтів, які були заввишки трохи більше, ніж півтора метри. Подібно до слонів, мамонти були травоїдними тваринами і харчувались рослинами, ягодами і травою. Дорослий мамонт міг з'їсти до 350 кілограмів їжі на день. Уявляєте, як складно було знайти стільки їжі у вічній мерзлоті!

Вчені досі сперечаються про те, від чого вимерли мамонти. Деякі припускають, що мамонтів винищили первісні люди. Вони полювали на мамонтів заради м'яса, теплої шкури та костей, з яких виготовляли знаряддя праці. Інші стверджують, що мамонти не змогли пристосуватись до теплого клімату, який прийшов на зміну холодному льодовиковому періоду.

1. Про що йде мова у тексті?

- Про те, як знайшли залишки мамонтеняти Люби, а також про мамонтів загалом.
- Про те, як мамонти знищили багато видів рослин.

2. Чому мамонтеня Люба стало справжньою знахідкою для дослідників?

- Тому що це був найдревніший мамонт, відомий науці.
- Тому що мамонтеня добре збереглось, і вчені могли ретельно його дослідити.

3. Що спільного є у мамонтів і слонів?

- Слони походять від мамонтів.
- Мамонти і слони походять від спільних прабатьків; вони схожі зовні, і обидва види є травоїдними.

4. Як люди пояснюють зникнення мамонтів?

- Деякі припускають, що мамонти вимерли через полювання людей; інші вважають, що мамонтам було складно пристосуватись до більш теплого клімату.
- Існують здогадки, що мамонтів винищили динозаври.

5. Яким словом можна замінити слово «знахідкою» в реченні «Це було справжньою **знахідкою** для вчених»?

- відкриттям
- загадкою

6.   Яке слово є **протилежним** за значенням до слова **«первісні»** в реченні «Деякі припускають, що мамонтів винищили **первісні** люди»?

- перші
- сучасні

7.   Вставте пропущені слова.

Етикетка   швачці   занадто

- Я віднесла свою сукню ______________, щоб та зробила її коротшою.
- Ігор вирішив приготувати вівсянку, але каша вийшла ______________ солодкою.
- ______________ на футболці була колючою, і я її відрізав.

Модуль 2.8

Як відомо, у Японії та в деяких інших азіатських країнах люди їдять не виделкою, а паличками. Для тих, хто не звик до паличок з дитинства, навчитись ними користуватись — непросте завдання. Брати Мишко і Микола побачили, як їдять паличками в їхніх улюблених японських мультфільмах, і одразу ж вирішили цьому навчитися.

На їхнє прохання батьки замовили столик у японському ресторані, куди пішли всією родиною. Мама і тато Мишка і Миколи навчились користуватися паличками ще у підлітковому віці. Їхній дідусь користувався паличками, як справжній самурай. А ось бабуся завжди просила в офіціанта виделки для себе, Мишка і Миколи.

— Бабусю, а ти хіба не хочеш спробувати поїсти паличками, як в Японії? — запитали онуки.

— Я не думаю, що столове приладдя впливає на смак їжі, — відповіла бабуся. — Головне, щоб кухар добре зробив свою роботу. Між іншим, суші, які ви зараз замовили, в Японії часто їдять не паличками, а руками.

— Не може бути! — здивувались хлопчики.

Мишко і Микола пам'ятали, що їхня бабуся знала дуже багато цікавого. Вона викладала історію в університеті і любила розповідати про різні культури і часи.

— Між іншим, — продовжила бабуся, — руками їли у Стародавньому Римі. Якийсь юнак на ім'я Луцій, ваш ровесник, міг просто пообідати смаженим фазаном і з'їсти його руками без ножа і виделки!

— А борщ він теж їв би руками? — пожартував Мишко. Вони з Миколою розсміялись.

Бабуся серйозно подивилась на них.

— У Стародавньому Римі не було борщу, — нагадала вона їм. — Проте поряд із кожною тарілкою з їжею ставили чашу, наповнену водою. Її використовували замість сучасної серветки — щоб помити руки.

— А як у Стародавньому Римі розважались після обіду? — поцікавився Микола. — Адже тоді не було розважальних центрів.

— Правильно, не було, — погодилась бабуся. — Натомість древні римляни ходили до лазні.

— Помити руки після обіду? — вирішив пошуткувати Микола.

Тут засміялись навіть тато з мамою.

— А ось і ні, — серйозно відповіла бабуся. — Раніше лазні були дуже популярним місцем. Там можна було не тільки помитись та підстригтися, а ще й позайматись спортом. До лазні часто приходили просто для того, щоб зустрітись і поспілкуватись із друзями. Там були навіть бібліотеки для любителів почитати. А ще…

Тут офіціант приніс їхнє замовлення, і всі почали із задоволенням їсти. Їжа дійсно виявилась чудовою. Мишко і Микола спробували їсти паличками. Вони були такі голодні, що вирішили вчитись користуватися паличками іншого разу. Брати відклали палички в бік і почали їсти руками — чи то як в Японії, чи то як у Стародавньому Римі.

1. Про що йде мова у тексті?

• Про те, як Мишко і Микола навчили свою бабусю їсти паличками.
• Про те, як Мишко і Микола разом із своєю

родиною вечеряли в ресторані і обговорювали столові звички японців і древніх римлян.

2.   Як, на думку бабусі Мишка і Миколи, їдять суші в Японії?

- за допомогою вилки
- без паличок — руками

3.   З якою метою у Стародавньому Римі поряд з їжею ставили чашу з водою?

- Щоб можна було помити руки, оскільки у Стародавньому Римі їли руками.
- Щоб можна було помити у чаші овочі і фрукти.

4.   Які послуги пропонувались у лазнях Стародавнього Риму?

- У лазнях люди тільки мились, оскільки в їхніх домівках не було душу.
- У лазнях можна було не тільки умитись, але й підстригтись, позайматись спортом, почитати і поспілкуватись із друзями.

5.   Яким словом можна замінити слово «ровесник» у реченні «Якийсь юнак на ім'я Луцій, ваш **ровесник**, міг просто пообідати смаженим фазаном»?

- одноліток
- попередник

6.   Яке слово є **протилежним** за значенням до слова **«популярним»** у реченні «Раніше лазні були дуже

популярним місцем»?

- відомим
- нерозповсюдженим

7. Вставте пропущені слова.

Ягуар   балет   альбом

- Наприкінці кожного року ми ідемо дивитись мій улюблений ____________ — «Лускунчик».
- Білл знайшов старий ________________з фотографіями і розглядав їх цілу годину.
- ________________— це велика плямиста тварина з родини котячих.

Модуль 2.9

Ти, напевно, чув вислів «правильне харчування». Про це часто говорять по телебаченню та в Інтернеті. Але не всі розуміють, що це означає і чому так важливо правильно харчуватись.

Для того, щоб ми залишались здоровими, сильними і повними енергії, нашому організму потрібні спеціальні поживні речовини, які ми отримуємо з їжі.

Багато хто вже знає, що фрукти та овочі дуже корисні. Вони містять вітаміни, мінерали та клітковину, які допомагають нашому організму правильно працювати. Важливо споживати різні фрукти та овочі, щоб отримати усе розмаїття корисних речовин.

У м'ясі, курці, рибі, яйцях, грибах, тофу і деяких бобах міститься інший корисний елемент, який називається «білком». Білок — це будівельний матеріал для нашого організму. Деякі білки порівнюють з деталями конструктора. Дійсно, білки беруть учать в утворенні м'язів та внутрішніх органів.

Інші білки схожі на маленьких воїнів, що захищають наш організм від вірусів і бактерій, які спричиняють хвороби. Оскільки білок виконує таку важливу функцію в нашому організмі, необхідно часто їсти продукти, в яких він міститься.

Ще одна дуже важлива для людини речовина — це кальцій. Кальцій міститься в сирі та йогурті, горіхах, насінні, квасолі і зелених овочах. Кальцій підтримує наші кістки та зуби і робить їх міцними.

Вуглеводи дають нам енергію для роботи нашого організму. Вуглеводи можна знайти у багатьох продуктах, наприклад, у фруктах і овочах, злаках, таких як рис чи овес, картоплі, кукурудзі, а також у бобах. Вуглеводи дуже важливі для здоров'я людини, але деякі джерела вуглеводів не дуже корисні. Багато вчених вважають, що харчуватись продуктами із великою кількістю цукру може бути шкідливо. Ще дуже важливо обирати продукти, зроблені з цільного зерна. Таким чином можна отримати набагато більше корисних речовин, ніж у переробленому зерні.

Деякі люди стверджують, що правильне харчування — це ціла наука. Ця тема дійсно вимагає багато знань. Важливо поступово досліджувати це питання і вивчати, як правильно харчуватись, щоб підтримувати власне здоров'я.

1.   Про що йде мова у тексті?

- Про корисні речовини, які ми отримуємо з їжі.
- Про те, як правильно готувати їжу.

2.   Чому заради здоров'я потрібно намагатись їсти різні овочі та фрукти?

- Тому що так ми підтримуємо фермерів.
- Тому що так можна отримати увесь набір необхідних корисних речовин.

3.   Білок — це будівельний матеріал для нашого організму. Чим ще він корисний?

- Деякі білки беруть участь у боротьбі з вірусами і бактеріями.
- Білки рятують від головного болю.

4.   Чим корисний кальцій?

- Кальцій дає нам енергію для занять спортом.
- Кальцій підтримує наші кістки та зуби і робить їх міцними.

5.   Яким словом можна замінити слово «функцію» в реченні «Оскільки білок виконує таку важливу **функцію** в нашому організмі, необхідно часто їсти продукти, в яких він міститься»?

- роботу
- пропозицію

6. Яке слово є **протилежним** за значенням до слова **«розмаїття»** в реченні «Важливо споживати різні фрукти та овочі, щоб отримати усе **розмаїття** корисних речовин»?

* неподобство
* одноманітність

7. Вставте пропущені слова.

гоморіли   нарікали   обрії

* Ми всі по черзі_____________на те, що було дуже спекотно, а кондиціонер не працював.
* Мама повезла нас на озеро рано-вранці зустрічати світанок, і всі ми чекали появи сонця на ______________.
* Бабусі мирно_______________на ґанку, розповідаючи одна одній про своїх онуків.

Рівень 3

Модуль 3.1

Сьогодні на обід тато насмажив картоплі для Дмитра та його трирічного брата Сашка. Дмитро додав до картоплі кетчуп, а тато взяв гострий соус. Однак Сашко відмовився від кетчупу і попросив у тата дозволу спробувати його гострий соус.

— Цей соус надто гострий навіть для мене, — пояснив тато. —У тебе від нього буде боліти животик. Я пропоную тобі спробувати кетчуп.

Проте Сашко не хотів кетчуп. Натомість він сповз зі стільця на підлогу, почав плакати, голосно вимагати соус і навіть стукати кулачками по підлозі.

— Що це з ним? — неабияк перелякався Дмитро. Хоча Сашко і був бешкетником, але ніколи так не поводився і зазвичай слухався батьків.

— Діти у віці двох-трьох років часто так поводяться, — пояснив тато. — Вони вже достатньо дорослі, щоб розуміти і відчувати, але ще не навчились керувати своїми емоціями.

—Сашку, — звернувся тато до малюка. — Вставай, наш маленький «андерталець»!

— Я не «андерталець»! — сердито тупнув ніжкою Сашко. Тато з Дмитром розсміялись.

— А хто такі ці неандертальці? — запитав Дмитро.

— Неандертальці — це вид древніх людей, які раніше жили на землі, але потім вимерли, — відповів тато.

— Як це? — не зовсім зрозумів Дмитро.

— Ось, наприклад, наш кіт Тишко і який-небудь тигр у джунглях — дві різних тварини, але обоє належать до родини котячих. Вони мають схожі риси, проте й багато різного. Так само і ми з неандертальцями — різні види одного роду людей.

— А як називається наш вид? — запитав Дмитро.

(Тим часом Сашко замовк і слухав розмову тата і старшого брата.)

— Нас вчені називають «людина розумна», хоча іноді деякі ведуть себе вкрай нерозумно. Наприклад, коли їм не дають гострий соус, — пожартував тато. — А взагалі, науці відомо всього дев'ять видів людей: ми, неандертальці, людина денисівська, людина флореська, були ще й інші. На сьогоднішній день на планеті залишились тільки ми.

— А звідки ми дізнались про інших людей? — не вгамовувався Дмитро.

— Є така наука — археологія. Вчені-археологи проводять розкопки, шукаючи сліди минулого життя, які збереглись глибоко під землею. По різним деталям вони визначають, як люди жили в стародавні часи, чим займались, що любили. Наприклад, у місцях, де жили неандертальці, вчені знайшли блискучі мушлі. Вони припустили, що неандертальці любили прикрашати предмети і мали потяг до мистецтва.

— Отже, вони були не такими вже й неосвіченими і дикими, як деякі, — зі сміхом сказав Дмитро, вказуючи на молодшого брата. — Тому, Сашку, ти насправді «андерталець».

— Ні, — серйозно сказав Сашко, сідаючи за стіл. — Я не буду вередувати. Я буду поводитись гарно, як неандерталець.

1.   Про що йде мова у тексті?

• Про розмову тата і його синів про древні види людей.
• Про те, що люди походять від неандертальців.

2.   Скільки видів древніх людей відомо на сьогоднішній день?

• Ми знаємо тільки про неандертальців.
• Науці відомо про дев'ять видів людей.

3.   Як називаються вчені, що вивчають в тому числі і древніх людей?

• інженери
• археологи

4.   Як тато пояснив, чому Сашко вередував?

• Сашко ще не навчився керувати своїми емоціями.
• Сашко звик отримувати те, що хоче, за допомогою крику.

5.   Яким словом можна замінити слово «блискучі» в реченні «Наприклад, у місцях, де жили неандертальці, вчені знайшли **блискучі** мушлі»?

• тьмяні
• яскраві

6. Яке слово є **протилежним** за значенням до слова **«розумна»** в реченні «Нас вчені називають «людина **розумна»**?

• дурна
• тямуща

7. Вставте пропущені слова.

познайомились   Дитинство   дзижчать

• На шкільному святі ми_______________із тренером команди з баскетболу.
• Було чутно, як поряд____________бджоли.
• ________________письменник провів у невеликому містечку на північ від Нью-Йорка.

Модуль 3.2

Микиті доручили дуже важливе завдання. Він повинен був переписати книгу з історії, яку давно мріяв прочитати. «На переписування піде не менше року», — подумав він. Микита жив у далекому 13-му столітті у монастирі. В ті часи люди ще не вміли друкувати книги. Натомість монахи переписували книги руками!

Микита дуже пишався тим, що йому доручили таке відповідальне завдання. Писати він навчився тут, у монастирі, і багато хто казав, що у нього дуже гарний почерк. Головне — зуміти переписати все гарно і без помилок. Робота була непростою, тому що в ті часи не існувало ані ручок, ані паперу. Букви вибивали за допомогою спеціальних інструментів на обробленій шкірі тварин!

Для роботи Микити настоятель монастиря купив пергамент найвищої якості. Пергамент, який виготовляли зі шкіри телят, коштував дуже дорого. Книга була товстою: п'ятсот сторінок, ніяк не менше. Микита припустив, що для такої кількості пергаменту знадобилось ціле стадо телят. Тому він розміщував букви близько одна до одної, щоб пергаменту точно вистачило.

Першу велику букву на кожній сторінці називали «буквицею». Її малювали окремо, часто кольоровою фарбою, і прикрашали різними візерунками. Цього Микита поки не вмів. Однак він сподівався, що настоятель монастиря дозволить йому брати уроки з малювання буквиць, якщо він впорається із завданням.

В ті часи книги були надзвичайно дорогими, тому що сам пергамент коштував дорого, та й сам процес переписування міг тривати багато місяців. Тільки дуже багаті і знатні люди могли собі дозволити купити одну чи дві книги. Книги переважно зберігались у монастирях та університетах.

Микиті було лише 12 років, але він розумів, як йому пощастило. Він вже був навчений грамоті, вмів гарно писати і, найголовніше, його оточували дорогі книги, які він читав із задоволенням.

Микита закінчив переписувати перше речення і зітхнув. Він уявив собі, що колись, через багато сотень років, люди винайдуть спосіб переписувати книги швидше. Він поки не знав, як це станеться. Микита уявляв, що у майбутньому книги вже не будуть коштувати так дорого. Тоді, можливо, навіть у найбіднішій сім'ї буде хоча б одна книга.

Микита визирнув у вікно своєї келії. Світило сонце і накрапував теплий весняний дощик. Попереду Микиту чекав цілий рік, упродовж якого він буде щодня старанно переписувати сторінку за сторінкою.

1. Про що йде мова у тексті?

   • Про хлопчика Микиту, який жив у 13-му столітті і переписував книги в монастирі.
   • Про те, як люди навчились друкувати книги.

2. Чому до винайдення друкарського верстата книги були такими дорогими?

   • Тому що книги прикрашали дорогоцінним камінням.
   • Тому що теляча шкіра дорого коштувала, і процес переписування тривав багато місяців.

3. Як виготовляли книги до винайдення друкарського верстата?

   • Букви вибивали за допомогою спеціальних інструментів на обробленій шкірі тварин.
   • До появи друкарського верстата книги не виготовляли.

4. Про що мріяв Микита?

   • Про те, що у майбутньому книги будуть доступні також і бідним людям.
   • Про те, як він стане великим письменником.

5. Яким словом можна замінити слово «задоволенням» у реченні «Він вже був навчений грамоті, вмів гарно писати і, найголовніше, його оточували дорогі книги, які він читав із **задоволенням**»?

- насолодою
- спокоєм

6. Яке слово є **протилежним** за значенням до слова **«старанно»** в реченні «Попереду Микиту чекав цілий рік, упродовж якого він буде щодня **старанно** переписувати сторінку за сторінкою»?

- сердито
- ліниво

7. Вставте пропущені слова.

махала   винуватим   Завести

- Кіт з_______________в120виглядом терся біля ніг господині, намагаючись вибачитись за вкрадену зі столу рибу.
- Кожен день собака Клава зустрічала нас біля дверей і___________хвостом від радості.
- _______________папугу Ірину вмовила подружка, якій батьки не дозволяли це зробити.

Модуль 3.3

Сьогодні усім відомо, що планета Земля, на якій ми живемо, обертається навколо Сонця. Разом із Землею навколо Сонця також обертаються інші планети Сонячної системи. Однак ще декілька століть тому люди уявляли собі космос зовсім по-іншому.

Люди завжди задумувались про Всесвіт і зірки та намагались знайти відповіді на питання про космос. Що це за місце, в якому ми живемо? Чому буває день і ніч? Що це за яскраві вогники на небі, які ми називаємо зірками? Люди складали легенди про світ і небо. Однією з них була легенда про трьох китів. Люди вірили, що наша Земля — пласка і стоїть на спинах трьох китів.

Люди уважно спостерігали за небом і вивчали рух планет і зірок. Якоїсь миті люди подумали, що Земля — це центр Всесвіту, а Сонце та інші планети обертаються навколо неї. Сьогодні ми знаємо, що це не так. Однак впродовж багатьох сотень років вважалось, що Земля — найважливіше місце у всьому Всесвіті. Близько п'ятисот років тому польський вчений Микола Коперник довів, що Земля обертається навколо Сонця, а не навпаки.

У своїй рідній Польщі Микола Коперник був відомим лікарем і знавцем астрономії — науки про Всесвіт. Багато років Коперник уважно спостерігав за рухом небесних тіл і записував побачене. Після довгих спостережень і складних розрахунків він дійшов висновку, що Земля не є центром Всесвіту.

Нам здається, що Земля не рухається, а інші небесні тіла обертаються навколо неї. Проте це зовсім не так. Насправді щосекунди Земля та інші планети долають сотні кілометрів, обертаючись навколо Сонця! Просто ми цього не помічаємо. Ані Земля, ані Сонце не є центром Всесвіту. І таких планет, як Земля, і таких зірок, як Сонце, існує величезна кількість!

Коперник хотів донести своє відкриття до інших людей. Впродовж тридцяти років він працював над книгою «Про обертання небесних сфер», де детально розповів про свої спостереження і висновки. Коперник встиг побачити свою книгу надрукованою незадовго до смерті. Він помер у віці 70 років від хвороби.

В ті часи книги не були такими розповсюдженими, як сьогодні. Тому працю Коперника спочатку читали тільки вчені. Спочатку вони могли робити це цілком вільно. Незабаром у теорії Коперника почали з'являтись послідовники. Однак були і такі люди, яким зовсім не сподобались відкриття Коперника. Вони хотіли продовжувати вірити, що Земля — це найважливіше місце у Всесвіті. Тому книга Коперника довго була під забороною. Тих, хто таємно читав її, карали, а книги спалювали!

Знадобилось ще дуже багато часу, щоб люди нарешті визнали вірність теорії Коперника. А на знак подяки за його тяжку працю і відкриття, іменем Коперника пізніше назвали один з кратерів на Місяці.

1.   Про що йде мова у тексті?

•   Про те, чому на Землі існують дні та ночі.
•   Про те, що думали люди про Землю, космос і про відкриття Коперника.

2.	Яка стародавня легенда розповідає про те, де знаходиться Земля?

• легенда про трьох китів
• легенда про лисицю

3.	Яким було європейське уявлення про світ і космос до появи Коперника?

• Вважалось, що Місяць — це центр Всесвіту.
• Вважалось, що Земля — це центр Всесвіту, що всі зірки і Сонце обертаються навколо неї.

4.	Яким було головне відкриття Коперника?

• Він усвідомив, що ані Земля, ані Сонце не є центром Всесвіту, і що Земля обертається навколо Сонця, а не навпаки.
• Він усвідомив, що Земля більш древня, ніж Сонце.

5.	Яким словом можна замінити слово «розповсюдженими» в реченні «В ті часи книги не були такими **розповсюдженими**, як сьогодні»?

• забороненими
• популярними

6.	Яке слово є **протилежним** за значенням до слова **«детально»** в реченні ««Впродовж тридцяти років він працював над книгою «Про обертання небесних сфер», де **детально** розповів про свої спостереження і висновки»?

• коротко

- розгорнуто

7. Вставте пропущені слова.

підозрою   вміє   зусиль

- Він______________дуже цікаво розповідати про свої подорожі.
- Детектив оглянув кафе з великою ________________.
- Щоб підняти штангу, потрібно було багато ________________.

Модуль 3.4

Книга «Сто один далматинець» дуже популярна вже багато років. Вона розповідає про пригоди милих плямистих цуценят. В житті далматинців можна зустріти доволі часто. Хто вивів цю породу і що це за собаки?

Свою назву далматинці отримали від регіону Далмація, який знаходиться у Хорватії. Історія цієї породи починається так далеко в минулому, що вже ніхто не пам'ятає, звідки походять ці собаки і хто їх вивів. Однак точно відомо, що Далмація була їхнім першим домом. Саме тому у 18-му столітті англійський вчений Томас Бевік дав цій породі назву, під якою вона відома і сьогодні.

Цуценята далматинця народжуються абсолютно білими, без єдиної плямки. Перші чорні плями починають з'являтись на їхній шкірі, коли цуценятам виповнюється 3-4 тижні. У віці одного місяця шкіра цуценят вже вкрита плямами, як у дорослої собаки. Іноді зустрічаються далматинці із коричневими плямами, але це буває вкрай рідко.

Завдяки їхньому розуму і кмітливості, далматинцям доручали найрізноманітніші завдання. Колись дуже давно далматинців використовували у якості охоронців. Разом із солдатами вони охороняли кордони Далмації від ворогів. Звичайно ж, цих собак брали із собою і на полювання. Далматинці довели, що мисливці з них не гірші, ніж охоронці.

Коли люди зрозуміли, що далматинці добре співіснують із кіньми, вони придумали для них ще одне цікаве заняття. Далматинці стали супроводжувати пожежні екіпажі з кіньми і допомагати гасити пожежі. Далматинці бігли перед пожежним екіпажем, розчищаючи дорогу. Так пожежники могли вчасно дістатися пожежі.

Оскільки для пожежних екіпажів використовували міцних і витривалих коней, коштували вони досить дорого. Тому стайні пожежної охорони потрібно було охороняти від злодіїв. Саме цим і займались далматинці, коли в місті було тихо і нічого не горіло. Далматинців також зробили символом пожежної охорони.

У 19-му столітті стало дуже модним використовувати далматинців у якості супроводжуючих собак. Звичайно, дозволити це собі могли тільки заможні люди, які мали власний екіпаж чи карету. Далматинці бігли поряд з екіпажем, супроводжуючи господаря і охороняючи коней. Господарі знали, що на далматинців можна покластись. Саме тому вони заслужили репутацію чудових сторожових псів.

Сьогодні далматинців заводять в якості домашніх улюбленців, а іноді вони ще грають у кіно.

1.   Про що йде мова у тексті?

   •   Про те, як знімали кіно про далматинців.
   •   Про далматинців.

2.   Звідки далматинці отримали свою назву?

   •   Від регіону Далмація, який знаходиться у
Хорватії.
   •   Від слова «дальній».

3.   Якими народжуються цуценята далматинців?

   •   Вони народжуються плямистими.
   •   Вони народжуються абсолютно білими.

4.   Для яких цілей використовували далматинців?

   •   Для охорони, полювання і як частину пожежної
команди.
   •   Для того, щоб шукати злочинців.

5.   Яким словом можна замінити слово «кмітливості» в
реченні «Завдяки їхньому розуму і **кмітливості**,
далматинцям доручали найрізноманітніші завдання»?

   •   тямущості
   •   сміливості

6.   Яке слово є **протилежним** за значенням до слова
«**витривалих**» в реченні «Оскільки для пожежних
екіпажів використовували міцних і **витривалих** коней,
коштували вони досить дорого»?

- слабких
- стійких

7.   Вставте пропущені слова.

охоче   пролетів   перевершив

- Десерт з полуниці_______________усі очікування.
- Друзі_______________почали чистити картоплю.
- Тест був непростим, і здавалось, що час _______________дуже швидко.

Модуль 3.5

Оля і Сашко були впевнені, що класична музика — це нудно, а похід до музичного театру — абсолютно марна трата часу. Коли бабуся повідомила їм, що купила квитки в оперету, брат із сестрою не дуже зраділи. Тоді бабуся пообіцяла показати їм оркестрову яму. Чому у концертному залі є яма, Оля і Сашко не знали. Однак звучало це доволі кумедно. Вони погодились піти з бабусею на концерт.

У концертному залі Сашко і Оля спочатку розважались і совались на стільцях. Але незабаром чарівні звуки музики заворожили їх, і вони навіть не помітили, як стали уважно слухати музику.

Під час перерви бабуся, як і обіцяла, повела їх до оркестрової ями. Виявилось, що оркестровою ямою називається місце між сценою і глядацькою залою, де розміщуються музиканти із своїми інструментами. Це місце називають ямою, тому що воно зазвичай розташоване у заглибленні для того, щоб музиканти не закривали собою сцену. Поки діти розглядали інструменти, до них підійшов один із музикантів.

— А на якому інструменті ви граєте? — запитала Оля.

— На віолончелі, — пояснив музикант. — А поряд — група скрипок. В оркестрі всі інструменти діляться на чотири групи; так диригенту легше за усіма слідкувати.

— А що це за групи інструментів? — запитав Сашко.

— Віолончель і скрипка — це смичкові інструменти. Є ще дерев'яні духові, до яких належать флейта і кларнет. Бачите тромбон і трубу? Це також духові, але мідні. Ну і, звичайно, ударні.

— Тарілки! — посміхнувся Сашко.

— В оркестрі їх називають литаврами, — виправив його віолончеліст. Тут він хитро посміхнувся і запитав: — А ви коли-небудь чули про морський орган?

— Орган — це великий музичний інструмент із трубами, на якому можна грати клавішами, — сказала Оля. — Я чула гру на органі одного разу в церкві під час подорожі. Але хіба на ньому можна грати під водою? Адже так він швидко зіпсується від солоної морської води.

— Звичайний орган, звичайно, зіпсується — погодився віолончеліст. — Але морський орган — дуже незвичайний.

Віолончеліст розповів Олі і Сашку, що на морському узбережжі хорватського міста Задар розташований один із найдивовижніших інструментів — морський орган. Відвідувачі набережної слухають чарівні мелодії, хоча ні самого інструменту, ні виконавця ніде не видно.

Ідея побудувати морський орган з'явилась, коли потрібно було перебудувати набережну в Задарі. Набережна була зруйнована під час Другої світової війни. Тоді архітектор Микола Башич запропонував цікавий проєкт, який з часом приніс Задару неймовірну популярність.

Довгі білі сходи набережної, що ведуть до самої води, і є тим самим органом! Всередині сходів розташовані пластикові труби, а в самих сходинках є спеціальні отвори. Саме через них по набережній ллється чарівна мелодія. А грають на цьому незвичайному органі прибережний вітер і хвилі теплого моря, які гуляють по трубам органу.

Гучність і тональність мелодії залежить від сили вітру і висоти хвиль. Тому вгадати, почуєте ви сьогодні на набережній запальний марш чи сумну мелодію, неможливо. Сама природа дає концерти на співаючій набережній Задара!

1.   Про що йде мова у тексті?

•   Про те, як Оля і Сашко побували на симфонічному концерті і дізнались про морський орган.

•   Про те, як Оля і Сашко навчились грати на органі.

2.   Що спочатку думали Оля і Сашко про класичну музику і симфонічний оркестр?

- •   Вони мріяли бути частиною симфонічного оркестру.
- •   Вони вважали ці заняття дуже нудними.

3.   Чому оркестрова яма часто розташована в заглибленні?

- •   Тому що там тепліше.
- •   Щоб оркестр не закривав глядачам сцену.

4.   На які чотири групи діляться інструменти в оркестрі?

- •   На ударні і клавішні.
- •   На мідно-духові, дерев'яно-духові,смичкові і ударні.

5.   Яким словом чи виразом можна замінити слово «заворожили» в реченні «Але незабаром чарівні звуки музики **заворожили** їх»?

- •   захопили
- •   відволікли

6.   Яке слово є **протилежним** за значенням до слова «**хитро**» в реченні «Тут він **хитро** посміхнувся і запитав»?

- •   щиро
- •   легенько

7. Вставте пропущені слова.

розвівав   пригніченим бадьорить

• Восени настрій у багатьох буває
________________, а я просто насолоджуюсь цією
порою року!
• Свіже гірське повітря________________не гірше,
ніж кава.
• Легкий морський вітерець ________________волосся
бабусі, яке блищало на сонці.

Модуль 3.6

Безперечно, найбільш глобальним і важливим
спортивним заходом є Олімпійські ігри. Плавці і
волейболісти, бігуни і велосипеди, лижники і
сноубордисти, а також багато інших спортсменів
змагаються за титул олімпійських чемпіонів.
Звідки пішла традиція проводити Олімпійські ігри
і чому їх так назвали?

Вперше Олімпійські ігри відбулись багато сотень
років тому у Стародавній Греції. Цар однієї з грецьких
держав вирішив провести атлетичні змагання, щоб його
народ міг відпочити від постійних війн. Він уклав союз із
двома іншими грецькими правителями, і разом вони
придумали правила цих ігор.

Місцем проведення обрали грецьке місто Олімпію,
саме звідти і пішла назва ігор. Олімпію почали вважати
священним містом, і туди було заборонено заходити
озброєним воїнам. Олімпійські ігри вирішили проводити
на честь наймогутнішого бога у грецькій культурі —

Зевса.

Спочатку до програми Олімпійських ігор входило лише декілька видів спорту: біг, стрибки у довжину, метання списа і диска, а також боротьба. Кожен спортсмен повинен був брати участь в усіх цих змаганнях. Пізніше до програми додали перегони на колісницях, кулачний бій і забіг у повному бойовому спорядженні. У Стародавній Греції в Олімпійських іграх змагались у своєму мистецтві навіть поети і музиканти.

У ті далекі часи брати участь в Олімпійських іграх могли тільки чоловіки. Вони прибували в Олімпію з усіх кінців Греції. Оскільки тоді ще не було ані поїздів, ані машин і тим більше літаків, багатьом спортсменам доводилось іти до Олімпії пішки декілька місяців. Проте учасники були готові подолати будь-які труднощі, щоб потрапити до Олімпії. Адже навіть просто брати участь в Олімпійських іграх було дуже почесним.

Оскільки спортсмени змагались не в одному, а одразу в декількох видах спорту, то і переможець міг бути тільки один. Йому на голову одягали лавровий вінок, який древні греки цінували більше, ніж будь-які коштовності. Олімпійські ігри проводились раз на чотири роки, і під час змагань призупинялись усі війни.

Поступово грецькі держави почали слабшати, а їхня культура — занепадати. Про Олімпійські ігри теж забули. Але потім, багато століть по тому, археологи знайшли руїни старих стадіонів, і багато хто одразу ж зацікавився історією стародавніх Олімпійських ігор. Перші сучасні Олімпійські ігри відбулись у 1896 році на їхній історичній батьківщині у Греції.

Правила сучасних Олімпійських ігор змінювались декілька разів. До змагань додавались нові види спорту. Однак символ Олімпійських ігор — Олімпійський вогонь — залишився незмінним. Згідно із старою грецькою традицією, його запалюють в місті проведення ігор перед початком змагань. Вогонь продовжує горіти до самого кінця церемонії нагородження переможців.

Девізом сучасних Олімпійських ігор від початку була фраза на латинській мові «Citius, altius, fortius», яка перекладається як «Швидше, вище, сильніше». Вперше цю фразу сказав французький священик Анрі Дідон на відкритті спортивних змагань у його коледжі. Цю фразу затвердили в якості девізу Олімпійських ігор у 1894 році, тому що вона відображає дух змагань. У 2021 році Олімпійський девіз змінили, і тепер він звучить так: «Citius, Altius, Fortius — Communiter», що перекладається як «Швидше, вище, сильніше — разом».

Як і в Стародавній Греції, сучасні Олімпійські ігри є символом миру і об'єднання народів. Саме тому емблемою ігор стали п'ять переплетених кілець. Кільця символізують єдність п'яти частин світу, адже сьогодні в Олімпійських іграх беруть участь спортсмени з усього світу.

1.   Про що йде мова у тексті?

- про різні види спорту
- про історію Олімпійських ігор

2.   Де придумали Олімпійські ігри?

- у Стародавньому Римі
- у Стародавній Греції

3. Як звучить новий девіз Олімпійських ігор?

- Швидше, вище, сильніше — разом.
- Мир у всьому світі.

4. Що символізує емблема Олімпійських ігор?

- гімнастичні вправи
- мир і об'єднання народів

5. Яким словом можна замінити слово «наймогутнішого» в реченні «Олімпійські ігри вирішили проводити на честь **наймогутнішого** бога у грецькій культурі — Зевса»?

- наймудрішого
- найсильнішого

6. Яке слово є **протилежним** за значенням до слова **«об'єднання»** в реченні «Як і в Стародавній Греції, сучасні Олімпійські ігри є символом миру і **об'єднання** народів?

- дружби
- розбрату

7. Вставте пропущені слова.

пройшла   одночасно   навіяла

- Ранкова пробіжка_______________добре!
- Ця пісня_______________спогади про літо, що минуло.

- Ліля і Вадим_________________перетнули фінішну лінію.

Модуль 3.7

Майстра Антоніо Страдіварі знала уся Кремона. Кожен мешканець цього італійського містечка, який хоча б раз проходив рано-вранці площею святого Домініка, обов'язково бачив високу, худорляву постать Страдіварі на відкритій терасі.

У Кремоні казали, що із майстром Страдіварі можна звіряти годинник. Коли місто тільки прокидалось, і навіть торговці ще не відкрили вікна своїх крамниць, старий майстер вже був на терасі. Там він покривав лаком і сушив свої інструменти. Антоніо Страдіварі був дуже незвичайним майстром. Він виготовляв скрипки.

Роботу Страдіварі було навіть складно назвати ремеслом. Це було справжнє мистецтво, а може навіть і справжня магія. Звучання скрипок, які виготовляв цей майстер, можна було впізнати завдяки його надзвичайній чистоті. Інструмент ніби співав.

Хтось казав, що справа в математичних розрахунках, які робив майстер. Інші вважали, що своїм успіхом майстер завдячує особливому чуттю, з яким він обирав дерево для своїх творінь. Знали про це і торговці деревом. Жоден з них не наважився би продати майстрові звичайне сухе дерево, а тим більше дерево із сучками.

Усе місто знало про сварливий характер Страдіварі. Проте йому прощали усе: і скупість, і підозрілість, і грубість. Уся Кремона поважала і шанувала Страдіварі.

За своє довге життя Страдіварі встиг накопичити чималі статки. Він був великим шанувальником живопису і міг дозволити собі купувати картини. Але, на жаль, у житті майстра не все було так добре. Разом з іншими учнями у його майстерні працювали і його сини. Майстер мріяв про те, що зможе передати їм свою справу. Він навчав їх дуже ретельно, як і інших учнів. Але на жаль, чи то сини не були зацікавлені у виготовленні скрипок, чи то природа не наділила їх тим чарівним талантом, який був у їхнього батька. Вони старанно виконували всі завдання Страдіварі, і виготовлені ними інструменти були гарними і якісними. Однак отримати таке ж звучання, як у скрипок великого Страдіварі, їм не вдалось, як би вони не старались.

Свою єдину потіху майстер знаходив у виготовленні скрипок. Обираючи дерево, він старанно оглядав кожну прожилку у зрізі, стукав по ньому нігтем і смичком, прикладав до вуха, прислуховуючись до мелодії, яку міг почути тільки він.

А ще майстер виготовляв лаки, якими покривав скрипки. Він працював над їхнім складом усе своє життя. Цей секрет він не розкрив нікому, навіть своїм найталановитішим учням. Лаки зберігались у спеціальній кімнаті, куди нікому не дозволялось заходити. Зазвичай майстер приходив туди вночі. Одні лаки він використовував для обробки дерева, щоб покращити звук. Іншими лаками він надавав готовим інструментам гарного блиску.

Сини Страдіварі дивувались, чому він нікому не розкривав своїх таємниць. А майстер Антоніо Страдіварі лагідно гладив чергову скрипку, що вийшла з його майстерні. Він знав, що навіть через багато століть його скрипки будуть жити, а разом з ними житиме і ім'я самого майстра.

1. Про що йде мова у тексті?

- Про життя майстра Антоніо Страдіварі.
- Про життя синів Страдіварі.

2. Чому роботу Страдіварі називали мистецтвом?

- Тому що він гарно розмальовував скрипки.
- Тому що звучання скрипок, які виготовляв цей майстер, можна було впізнати завдяки його надзвичайній чистоті.

3. Чому торговці деревом не наважувались пропонувати Страдіварі поганий товар?

- Вони знали, що завдяки своєму особливому чуттю Страдіварі зрозуміє, що дерево неякісне.
- Вони боялись гніву Страдіварі.

4. Яку із своїх таємниць Страдіварі так нікому і ніколи не розкрив?

- Як грати на скрипці.
- Спосіб виготовлення лаку для покриття скрипок.

5. Яким словом можна замінити слово «наважився» в реченні «Жоден з них не **наважився** би продати майстрові звичайне сухе дерево, а тим більше дерево із сучками»?

- посмів
- сподівався

6.   Яке слово є **протилежним** за значенням до слова **«сварливий»** в реченні «Усе місто знало про **сварливий** характер Страдіварі»?

- агресивний
- мирний

7.   Вставте пропущені слова.

захопилась   порекомендувала   схильним

- Дядько Санні був_________________до сварок.
- Ірина_________________нам кавунове морозиво.
- Поступово мама_____________ідеєю про переїзд до Каліфорнії.

Модуль 3.8

— Генрі, час обідати! — пролунав чоловічий голос. Сашко, який стояв поряд із загоном з верблюдом, обернувся. До загону наближався працівник зоопарку з повним відром моркви.

— Генрі, йди-но сюди! — сказав він.

— Кого він кличе? — запитав хлопчик у мами.

— Зараз дізнаємось, — відповіла вона.

— Генрі — це наш верблюд, — пояснив працівник, підійшовши до них. — Вже час обідати, а він дуже любить моркву.

Сашко обернувся подивитись на верблюда. Той   93

тим часом уважно роздивлявся якогось малюка, який підійшов доволі близько до бар'єру. Сашкові ця сцена здалась дуже милою.

В цей час до малюка схвильовано підбіг дорослий зі словами: «Я ж казав тобі не підходити близько!» Малюка відвели вбік.

— Чому цей дорослий так розхвилювався? — запитав Сашко. — Адже верблюд не хижак, він не кусається.

— Проте верблюд може плюнути, — пояснила мама. Сашко подивився на неї здивовано, тому що думав, що плюватись уміють тільки люди.

— Коли верблюд відчуває небезпеку, він плюється, щоб налякати ворога, — пояснив працівник зоопарку, який стояв поруч. — Це, звичайно, не боляче, але дуже неприємно.

— А ти знаєш, що верблюд завжди носить із собою холодильник? — чи то жартівливо, чи то серйозно запитав працівник.

—Це як? — ще більше здивувався Сашко.

— Бачиш горб у нього на спині? Там верблюд зберігає запас жиру. Коли верблюду доводиться довго йти через пустелю, де немає їжі, він використовує цей жир, щоб завжди бути повним енергії. Зовсім як ми, коли відкриваємо холодильник, щоб взяти звідти йогурт чи яблуко і підкріпитись після довгої прогулянки.

— А чому верблюди ходять по пустелі? — запитав

Сашко. —Адже там спекотно і немає води. Та й, мабуть, немає чим зайнятись.

— У багатьох країнах Близького Сходу верблюдів здавна використовували, як коней, під час подорожей. Це було дуже зручно, тому що не потрібно було везти із собою додаткову їжу для тварин. Крім того, верблюд дуже витривалий і може везти на собі багато вантажу.

— Але вони, мабуть, набагато повільніші за коней, — припустив Сашко.

— Зовсім ні, — відповів працівник зоопарку. — Хоча верблюди і здаються незграбними, вони можуть пересуватись так швидко, як і коні.

Сашко знову обернувся подивитись на верблюда. Було цікаво уявити, як цей поважний і повільний гігант несе на собі пакунки через піски пустелі у якій-небудь жаркій країні.

Тут Генрі підійшов до того місця, де розмовляли Сашко, його мама і працівник зоопарку. Генрі зацікавлено витріщився на відро з морквою.

— Прийшов, — посміхнувся працівник зоопарку. — Мабуть, зголоднів. Піду годувати.

Він відкрив двері вольєру.

— А на вас він не плюне? — захвилювався Сашко.

— Ні, — посміхнувся працівник. — Ми з ним

товаришуємо вже багато років — з того часу, як його привезли до нашого зоопарку.

1. Про що йде мова у тексті?

   •   Про знайомство хлопчика Сашка із верблюдом Генрі у зоопарку.
   •   Про те, якими небезпечними є верблюди.

2. Чому верблюди плюються?

   •   Верблюди плюються, тому що їм нудно.
   •   Верблюди плюються, коли відчувають небезпеку, намагаючись налякати ворога.

3. Чому працівник зоопарку порівняв верблюжий горб із холодильником?

   •   За допомогою свого горба верблюди охолоджуються.
   •   Всередині горба зберігається запас жиру, з якого верблюд може отримати поживні речовини.

4. Чому верблюдів часто використовували у подорожах через пустелю?

   •   Тому що верблюди сильні і витривалі, і для них не потрібно возити із собою їжу.
   •   Тому що верблюди можуть пересуватись швидше за інших тварин.

5. Яким словом можна замінити слово «розмовляли» в реченні «Тут Генрі підійшов до того місця, де **розмовляли** Сашко, його мама і працівник зоопарку»?

- спілкувались
- сперечались

6. Яке слово є **протилежним** за значенням до слова **«налякати»** в реченні «Коли верблюд відчуває небезпеку, він плюється, щоб **налякати** ворога»?

- сполохати
- привернути

7. Вставте пропущені слова.

хобі   вивчив   виконувати

- В школі потрібно_________________правила поведінки.
- Мені задали багато домашнього завдання, і в мене не залишилось часу на_______________.
- Я________________танець, який називається «полонез».

Модуль 3.9

Одного разу мама і тато прийшли додому дуже схвильованими.

— Ми купили квитки на фестиваль ліхтариків! — повідомили вони дітям.

Марк і Роббі перезирнулись. Вони знали, що фестиваль — це подія, коли люди збираються разом, слухають музику і розважаються. Але до чого тут ліхтарики?

— Це не звичайні ліхтарики, — пояснив тато. — Їх роблять із паперу і натягують на легкий дерев'яний каркас. А під час фестивалю всі присутні запускають свої ліхтарики в небо.

Потім мама сказала, що фестиваль проводять у пустелі. Про пустелю Марк і Роббі чули багато, але ніколи там не бували. Хлопчикам одразу ж захотілось поїхати в пустелю запускати ліхтарики.

В день фестивалю уся сім'я виїхала з дому на світанку. Дорога була неблизькою, і опівдні Марк і Роббі почали хвилюватись, що можуть запізнитись на фестиваль. Але мама і тато заспокоїли їх, запевнивши, що фестиваль почнеться тільки ввечері.

— Чому? — здивувались хлопчики
— Побачите! — загадково відповіла мама.

На місце проведення фестивалю сім'я прибула, коли вже смеркало. На полі зібралось багато людей, учасники все прибували і прибували. Тато розстелив на землі килимок, і вся сім'я розмістилась на ньому. Потім вони почали діставати з рюкзаків паперові ліхтарики, які приготували завчасно. Марк і Роббі допомагали батькам закріпити ліхтарики на дерев'яних конструкціях.

—А для чого нам сірники? І для чого цей пальник? — поцікавився Роббі.

І ось тут батьки розповіли хлопчикам

найцікавіше. Виявляється, для того, щоб ліхтарики піднялись у повітря, потрібен вогонь! Тому в кожному ліхтарику був пальник, який запалювали. Завдяки теплу повітря всередині ліхтарика нагрівається, і тому ліхтарик злітає. Поки вогонь в пальнику не згасне, ліхтарик буде літати в небі.

На невеликій сцені перед учасниками з'явився ведучий з мікрофоном. Він розповів стародавню китайську легенду про паперові ліхтарики. Одного разу під час бою військовий стратег Чжуге Лян опинився в оточенні. Він не міг передати звістку своїм побратимам, щоб отримати підкріплення. Тому він запустив у небо повітряні ліхтарики, сподіваючись, що вони долетять до його союзників. Багато сотень років ліхтарики використовували на війні для передачі повідомлень.

Пізніше в Китаї виникла традиція запускати такі ліхтарики на Новий рік. Люди загадували бажання і одночасно запускали ліхтарик в небо. Червоні ліхтарики запускали для удачі, оранжеві — для грошей, а білі — для міцного здоров'я. Сьогодні ця традиція існує і в інших частинах світу. Іноді люди просто пишуть свої бажання на папірці і прикріплюють його до ліхтариків.

Тим часом зовсім стемніло. Люди навколо почали писати свої бажання і прикріпляти їх до ліхтариків. Марк і Роббі наслідували їхній приклад.

— Запускаємо? — запитав Роббі, коли вони були готові.
— Не зараз, — похитав головою тато. — Потрібно дочекатись сигналу ведучого.

Тепер поле навколо них було зовсім світлим від

палаючих ліхтариків. Ведучий попросив усіх приготуватись і почав зворотній відлік. Учасники фестивалю усі в один голос рахували від десяти до одного.

І ось нарешті сотні палаючих ліхтариків одночасно зринули у небо. Небо засяяло яскравими вогниками. Здавалось, що безліч фей або світлячків злетілись на свято в пустелі. Ліхтарики піднімались все вище й вище, забираючи із собою найзаповітніші бажання і залишаючи віру в диво.

1.   Про що йде мова у тексті?

- про фестиваль ліхтариків
- про фестиваль пустелі

2.   Для чого потрібен пальник в конструкції ліхтарика?

- Для того, щоб в кінці польоту ліхтарик згорів.
- Завдяки теплу від пальника повітря всередині ліхтарика стає легшим, і тому ліхтарик злітає.

3.   З якою метою використовувались паперові ліхтарики в історії?

- Багато сотень років ліхтарики використовували на війні для передачі повідомлень.
- В якості освітлення.

4.   Яка новорічна традиція, пов'язана із запуском ліхтариків, зародилась у Китаї?

- Традиція надсилати листи за допомогою ліхтариків.

- Традиція загадувати бажання і одночасно запускати ліхтарик в небо.

5.   Яким словом можна замінити слово «зринули» в реченні «І ось нарешті сотні палаючих ліхтариків одночасно **зринули** у небо»?

- вистрілили
- піднялись

6.   Яке слово є **протилежним** за значенням до слова **«побратимам»** в реченні «Він не міг передати звістку своїм **побратимам**, щоб отримати підкріплення»?

- ворогам
- друзям

7.   Вставте пропущені слова.

збентежений   відкрили   сподіваюсь

- Свято_______________виступомвідомого акробата.
- Вчитель був дещо_______________питанням учня.
- Я_______________, що зацікавити дітей грою в шахи буде легко.

Модуль 3.10

Вже більше тижня дорослі антилопи поводились якось незвично. Вони збирались групами на пасовиськах і схвильовано про щось гомоніли. До малюка-гну долітали слова «скоро» і «прийшла пора», але зрозуміти, про що говорять дорослі, він не міг. Одного разу він почув слово «міграція». Цього слова він не знав, тому наважився підійти до старших.

— Що таке міграція? — запитав він. — Чому дорослі поводяться так дивно? Ми в небезпеці?

Про небезпеку малюк-гну дізнався від батьків. Від дня його народження вони розповідали йому про левів та інших хижаків, які жили в цій місцевості. Якщо відділитись від стада або забаритись, хижаки можуть тебе з'їсти. Сам малюк-гну бачив лева здалеку лише один раз. Той здався йому доволі страшним, хоча і лежав ліниво під деревом.

У відповідь на запитання малюка-гну дорослі антилопи перезирнулись.

— Незабаром дізнаєшся, — відповів нарешті старійшина. — А поки іди грайся.

Малюк-гну послухався. Він вже знав, що якщо дорослі вирішили чогось не говорити, скільки не питай, це не допоможе. Тому він вирішив дочекатись, поки вони самі все розкажуть.

І ось нарешті прийшов цей день. Старійшина зібрав усе стадо, навіть молодих телят, і сказав, що завтра вони рушать у щорічну міграцію по Серенгеті. Антилопи повинні були підготуватись і розповісти своїм малюкам, як правильно поводитись під час тривалого переходу.

Малюк-гну знав, що Серенгеті — це місце, де вони живуть. Всі ці безкраї простори, луки, болота, ліси, від найближчого дерева до самого небокраю і далі — все це Серенгеті.

— Чому ми повинні звідси йти? — запитав малюк того вечора в своєї мами. — Адже тут наша домівка.

— В цю пору року тут мало їжі, — відповіла мама. — Якщо ми залишимось, то нам не буде вистачати трави, ми ослабнемо і станемо легкою здобиччю для левів. А там, куди ми йдемо, трави зараз дуже багато, і нам вистачить її надовго.

— Ти бувала там раніше?

— Звичайно. І я, і твій тато, і всі твої старші брати і сестри. Ми здійснюємо цей перехід щороку. Не хвилюйся, тобі сподобається нове місце.

— А коли ми повернемось назад?

— Як тільки почнуть іти дощі.

Наступного ранку все стадо вирушило в дорогу. Малюк-гну знав, що іти доведеться декілька місяців, і дорога буде нелегкою.

— Зате ти побачиш всю красу Серенгеті, — пообіцяла мама.

І вона мала рацію. Малюк-гну часто чув від дорослих, яка гарна їхня земля, яка вона велика, і скільки різних тварин на ній живуть. Але зараз він дивився на це багатство своїми очима і весь час думав, як же йому пощастило народитись серед такої краси.

Дорогою вони зустрічали інші стада антилоп. Вони обмінювались новинами, розповідали про те, як проходить міграція, і потім продовжували свій шлях.

Одного разу вони зустріли зебр. Їхні смужки здались малюку-гну дуже кумедними. Зебри не були небезпечними, як леви, тому мама дозволила йому погратись із малюком-зеброю. Вона розповіла йому, що зебри так само, як і антилопи, щороку здійснюють перехід через Серенгеті. А ще разом з ними йд багато інших мешканців цієї місцевості.

— Цей похід називається «Велика міграція», — серйозним тоном сказав малюк-зебра.

Малюк-гну вже не пам'ятав, як довго вони йшли, коли на їхньому шляху з'явилась річка.

— Мара! Мара! — зашуміли дорослі.

— Приготуйся, — сказала мама. — Це твоє перше доросле випробування.

Мама розказала, що місце, до якого вони прямують, розташоване на іншому березі річки Мара. Єдиний шлях туди проходить через воду. Тільки сильні і відважні антилопи можуть перейти на інший бік, не побоявшись втопитись.

Антилопи зібрались на березі. Всі чекали, поки старійшина дасть знак. І ось перша антилопа стрибнула у воду. Інші попрямували за нею. Вони стрибали у воду без зупинки, ніхто не вагався. Малюку-гну було трохи страшно, адже він ніколи раніше не бачив таку широку і бурхливу річку. Але він хотів, щоб усі знали, що він теж такий сміливий і сильний, як інші. Тому, коли підійшла його черга, він одразу стрибнув у річку.

Спочатку здалось, що його тягне на дно. Малюк-гну заплющив очі. Раптом він відчув, що вода несе його, а поруч хтось пливе. Він розплющив очі і побачив маму. Вона легенько кивнула, ніби хотіла його підбадьорити.

Коли вони дістались берега і зупинились відпочити, мама сказала:

— Молодець, малюк, сьогодні ти став справжньою дорослою антилопою гну.

Малюк-гну озирнувся. Далеко попереду простягалась рівнина, вкрита невисокою травою.

— Мамо, що це за місце?

— Це твій новий дім, малюк.

1. Про що йде мова у тексті?

•	Про малюка-гну, який взяв участь у першій в своєму житті Великій міграції.
•	Про малюка-гну, який втікав від хижака по просторам Серенгеті.

2. Чому багато тварин, що живуть в Серенгеті, беруть участь у Великій міграції?

•	Тому що приходить сезон дощів, і місце, де мешкають тварини, затоплює вода.
•	Тому що приходить сезон, коли їжі для тварин стає недостатньо, і їм доводиться йти на іншу територію в пошуках їжі.

3.   Чому мама малюка-гну назвала переправу через річку Мару його першим дорослим випробуванням?

•   Тому що переправа через широку і бурхливу річку Мару — дуже тяжка і небезпечна справа.
•   Тому що день народження малюка-гну співпав з переправою через річку Мару.

4.   Чому малюк-гну стрибнув у річку попри те, що йому було страшно?

•   Малюк-гну боявся, що з нього будуть сміятись, якщо він злякається і відмовиться перепливати Мару.
•   Малюк-гну хотів, щоб усі знали, що він теж такий сильний і сміливий, як інші антилопи.

5.   Яким словом можна замінити слово «міграція» в реченні «Старійшина зібрав усе стадо, навіть молодих телят, і сказав, що завтра вони рушать у щорічну **міграцію** по Серенгеті»?

•   переселення
•   полювання

6.   Яке слово є **протилежним** за значенням до слова **«відважні»** в реченні «Тільки сильні і **відважні** антилопи можуть перейти на інший бік, не побоявшись втопитись»?

•   боягузи
•   сміливі

7. Вставте пропущені слова.

із захопленням   страшно   стрімко

• Мені стало______________від сильного шуму, який лунав з печери.
• Туристи______________роздивлялись розписану стелю в музеї.
• Здійнявся сильний вітер, і хмари ______________неслись по небу.

www.ingramcontent.com/pod-product-compliance
Lightning Source LLC
Chambersburg PA
CBHW060202120726
48004CB00007B/1661